VIDA DESINTERESSANTE

VICTOR HERINGER

Vida desinteressante
*Fragmentos de memórias: crônicas
da revista* Pessoa *(2014-2017)*

Organização e apresentação
Carlos Henrique Schroeder

Copyright © 2021 by Valéria Doblas

Grafia atualizada segundo o Acordo Ortográfico da Língua Portuguesa de 1990, que entrou em vigor no Brasil em 2009.

Capa
Mateus Valadares

Foto de capa
nayneung1/ Shutterstock

Foto da p. 59
Bolívar Torres

Preparação
Adriane Piscitelli

Revisão
Bonie Santos
Renata Lopes Del Nero

Dados Internacionais de Catalogação na Publicação (CIP)
(Câmara Brasileira do Livro, SP, Brasil)

Heringer, Victor, 1988-2018
    Vida desinteressante : Fragmentos de memórias : crônicas da revista *Pessoa* (2014-2017) / Victor Heringer ; organização e apresentação Carlos Henrique Schroeder. — 1ª ed. — São Paulo : Companhia das Letras, 2021.

    ISBN 978-65-5921-349-8

    1. Crônicas brasileiras I. Schroeder, Carlos Henrique. II. Título.

21-70834   CDD-B869.8

Índice para catálogo sistemático:
1. Crônicas : Literatura brasileira B869.3

Cibele Maria Dias – Bibliotecária – CRB-8/9427

[2021]
Todos os direitos desta edição reservados à
EDITORA SCHWARCZ S.A.
Rua Bandeira Paulista, 702, cj. 32
04532-002 — São Paulo — SP
Telefone: (11) 3707-3500
www.companhiadasletras.com.br
www.blogdacompanhia.com.br
facebook.com/companhiadasletras
instagram.com/companhiadasletras
twitter.com/cialetras

Sumário

Apresentação: Um anticronista no país da crônica?, 9

2014

Este tempo, ainda sem nome, que começa agora, 21

Enchendo a cara com o Geraldo, 25

A de amor, F de falso, 27

Matilde, 30

Viver na literatura, 39

Ismar, 42

A crítica explicada aos médicos: uma introdução, 51

Sobre ir embora do Rio, 54

Os sapatos do meu pai, 60

Brasileiro, anti-irônico, 62

O fim do mundo foi meio sem graça, 65

Para uma arte no fim do mundo, 68

O paulistano não existe, 71

Os tristes, 74

O muro contra a morte, 76

Marília, 79
Eu sou uma igrejinha, Silas, 89
Sebos, 97
Mariano, 101
Ser português, 110
Dois livros para lembrar, 113
Vida desinteressante: uma retrospectiva, 116
Vida desinteressante: uma retrospectiva (Parte II), 121

2015
Fantasia de finlandesa, 129
Memórias do escritor Victor Heringer vestido de mulher, 131
Passeio estressadinho, 135
Ascensão e queda da coxinha de frango, 137
Para o Eduardo, 140
Travadinha, 142
A vida é maior, 144
Breve guia do Rio de Janeiro para o turista carioca, 146
Cidades, cidadinhas, cidadãos, 152
Adeus às coisas, 155
A mulher mais triste do mundo, 158
Os traidores da espécie, 160
Diário da seca, 162
Português, 166
A imagem inconsolável, 168
Tranquilo e calmo, 171
O que sei sobre flores, 173
Me diz, 176
Dois poemas de Mumbai, 178
Macumba pra indiano, 182
Abaixo 2015!, 185

2016
O gambá e o homem, 189
Clique aqui para fotos de gatinhos, 192
História ambulante do Brasil, 194
Assando um bolo enquanto cai a República, 196
Lá pelas tantas no Hotel Toffolo, 198
Se eu tivesse um barco, 201
Os livros que carrego comigo, 203
Em louvor de poemas ruins, 206
A afirmação contra o chorume, 210
Tarde, 212
Aprendizado dos cães, 214
A sabedoria é simples, 216
Carta de crenças, 218
O erro na Lava Jato, 221
Quatro propostas para estátuas novas, 224
De Amicis e as febres da bicicleta, 226
Explicar aos mortos o mundo, 229
A jabuticaba no lado certo da História, 231

2017
Declaração de independência, 237
A canga é um portento, 239
O muro, 241
Impressões do Peru, 243
Carta para Violeta, 247
América do Sul em chamas, 249
Leva meu corpo junto com meu samba, 252
Pequena antologia de comentários em portais de notícia, 254

Apresentação
Um anticronista no país da crônica?

1. Na verdade, eu gostaria de escrever a biografia do Victor Heringer, mas com aquele tipo de texto em que a vida e a obra dançam a valsa da verdade, ou daquilo que se parece com verdade mas é mais um elemento da ficção, como fez o Emmanuel Carrère com o Limonov e com o Philip K. Dick. Mas não tenho maturidade nem talento para isso. Ter sido editor do Victor por alguns anos e ter organizado suas crônicas já me bastaram. Um consolo.

2. Conheci o Victor em 2012, virtualmente, ao nos descobrirmos nas redes sociais e trocarmos impressões sobre nossos textos na primeira edição da revista de artes *Lado 7*, publicada pela editora 7Letras. Escrever nos traz amarguras, alguns inimigos, mas também grandes descobertas: sobre você, sobre os outros e sobre o seu lugar no mundo e na alegria. Ele sabia disso: "… a gente nasce com um tempo curtíssimo para tentar compreender um universo que tem tempo de sobra".

3. Continuamos conversando, esporadicamente, mas nossos destinos se cruzaram profissionalmente em 2014: no início de janeiro fui convidado pela Mirna Queiroz, fundadora e *publisher*

da principal revista lusófona brasileira, a revista *Pessoa*, para ser o editor-executivo da publicação e pensar na criação de novas seções e dar uma cara mais multimídia à revista. Dois dias depois de assumir a empreitada, convidei o Victor, que já estava há tempos no radar da Mirna, para ter uma coluna periódica, e numa troca de e-mails e de mensagens de Facebook formatamos sua coluna:

> Gostei de "Milímetros"; tem a ver com a ideia geral dos textos e comigo. (rs) "A hora trêmula" também é bom. Vamos lá, acho que algo mais aberto seria legal: "Milímetros (ou A hora trêmula)", crônicas de literatura, pensamento e outras artes contemporâneas. Dá, em poucas palavras, a noção de mistura de gêneros, mídias e reflexões. Que tal?

me respondeu através de uma missiva digital.

4. No mesmo janeiro de 2014 embarcamos em outra aventura: fiz questão de que ele estivesse na ponta de lança do selo Formas Breves (projeto em parceria com o Tiago Ferro, da e-galáxia, da qual eu era o curador), que toda segunda-feira lançaria um novo conto em formato digital, por apenas R$ 1,99. E assim foi: os três primeiros contos da coleção (que publicou dezenas de contos durante quase dois anos) foram de José Luiz Passos, André de Leones e Victor Heringer. "Lígia", do Heringer, saiu em fevereiro de 2014 e foi um dos contos mais vendidos da coleção, e um dos mais bem avaliados. Afinal, que autor brasileiro nascido nos últimos quarenta anos reuniu tantos predicados em gêneros tão distintos (romance, poesia, conto, crônica e ensaio)? Versatilidade, teu nome é Victor. "Lígia" é um clássico contemporâneo que enche de orgulho essa minha vida capenga de editor errante.

5. E fevereiro também foi o mês de sua estreia na *Pessoa*: no dia 8 saiu sua "Milímetros", com o texto "Este tempo, ainda sem nome, que começa agora", evocando Werner Herzog (que acre-

ditava que a fala hiperveloz dos leiloeiros era "a verdadeira poesia do capitalismo") para tratar dos desafios da linguagem artística.

6. Entre fevereiro de 2014 e maio de 2017 publicou setenta crônicas conosco, geralmente duas por mês, raramente três, e algumas vezes apenas uma. Estão todas aqui, na presente edição. Ele tinha, e sempre teve, toda a liberdade quanto aos temas, à extensão das crônicas, aos prazos... E assim pôde escrever tudo aquilo que realmente tinha vontade de publicar e no tempo que considerava adequado.

7. Sua última crônica publicada na revista é datada de 24 de maio de 2017: "Pequena antologia de comentários em portais de notícia" trata da ascensão da ignorância, ou melhor, da emersão da ignorância, conferida em qualquer caixa de comentários dos portais de notícias. É engraçada, carinhosa, mas lida hoje, na loucura dos anos 2020-2021, é exasperante. Victor faleceu menos de um ano depois dessa crônica, e escapou de assistir ao Brasil se transformar em um grupo de WhatsApp relinchante.

8. Mas entre a primeira e a última há um universo. Expansível e variável.

9. Há os dramas paulistas e cariocas, sua saída do Rio, sua chegada a São Paulo: "Sempre sofri cidades como se fossem doenças incuráveis". Entrevistas com os poetas de sua geração, seus amigos, que são de uma sinceridade (de ambas as partes) dilacerante, e de forma alguma são parecidas com aquelas clássicas entrevistas jornalista-escritor/ escritor-escritor a que tanto estamos (sofrivelmente) acostumados.

10. E, claro, as crônicas de viagem: Índia, Peru, Bolívia, Ouro Preto... Sempre alinhadas sociológica ou literariamente, recheadas de afeto e espanto (uma das matérias-primas da poesia).

11. E também a veia do cronista clássico, como em "Os tristes", "O gambá e o homem" e "A mulher mais triste do mundo", mas picotadas pela lâmina da poesia — "descobri que narrador

bom mesmo tem que ser poeta, mesmo que não faça versos". E a elegia das coisas ordinárias: a coxinha de frango, os sebos bagunçados, os poemas ruins... Das extraordinárias: as eleições de 2014, a Copa, a crise hídrica em São Paulo...

12. E Manuel Bandeira e Machado de Assis aparecem, quando menos se espera, e umas pitadas de Drummond. Afinal,

> Machado de Assis e Manuel Bandeira são meus dois pais. As obras me influenciam como autor, mas sobretudo ajudaram a forjar minha identidade, que aos poucos (esta é a esperança do ficcionista) vai se diluindo nos meus próprios livros, até que eu possa ser ninguém em paz. Machado me deu os olhos, Bandeira me deu o coração

afirma ele no seu manifesto-oficina "Sobre escrever, segundo métodos diversos" (*Caderno 4: Modos de escrever*, Enfermaria 6, Lisboa, nov. 2017).

13. E continua:

> Dorival Caymmi me deu a utopia praieira. Georges Perec e Donald Barthelme me deram o senso de alegria formal. Valêncio Xavier, Wlademir Dias-Pino, os concretistas brasileiros, Letícia Parente, W. G. Sebald e Arthur Bispo do Rosário me ensinaram a ser um escritor promíscuo. Toda linguagem me interessa. A fotografia, o cinema, o desenho, a música, a performance, todas as práticas e códigos contaminam o trabalho. Lydia Davis, César Aira, Beatriz Sarlo, Kawabata, Octavio Paz, Cioran, Gombrowicz, Tabucchi, Marília Garcia, Eduardo Coutinho, Calvino, Paul Salopek, Gaudí, Violeta Parra, Murilo Mendes, Hilda Hilst, Nelson Cavaquinho, Travadinha, Leonardo Fróes, Francesca Woodman, Lucian Freud, Vivian Maier, Malevich, Benjamin, Nanni Moretti, Guignard, Chris Marker, Cartola,

Orson Welles, Kobayashi Kiyochika, Pedro Cornas, o Quinteto Armorial...

14. Well, estão aí, arriba, os mestres heringerianos.

15. E por incrível que pareça, em suas crônicas, não há uma citação sequer ao Enrique Vila-Matas, tema de sua dissertação de mestrado ("Enrique Vila-Matas: A ironia e a reinvenção da subjetividade", 2014, 115 pp.) e somente uma ou duas ao Caetano Veloso, motor de "Caê e a fundação do após", seu ensaio publicado no *Caderno de Leituras* n. 19 pela Chão da Feira. Mas fiquemos com a epígrafe deste último, que poderia ser muito bem a deste livro: "a loucura por excesso de doçura [...]. O desastre da doçura", do Blanchot.

16. E pouquíssimo Benjamin-Deleuze-Derrida-Barthes nas crônicas, o que prova que ele escapou (quase) ileso da contaminação acadêmica.

17. A sua variedade temática carregava o prazer de saber que literatura e vida sempre se misturam, dançam, sem uma prevalecer sobre a outra, e a leveza de suas crônicas vinha de seu olhar poético, claro, mas sobretudo da sua ironia recheada de afeto.

18. E não se preocupe, se você é fã dos romances *Glória* e *O amor dos homens avulsos* e chegou aqui graças a eles, não vai se decepcionar, as sacadas luminosas também estão por aqui.

19. Grande parte das crônicas deste livro poderia muito bem ser "anticrônicas", pois foge às principais caracterizações do gênero. Como ele mesmo sempre quis, na bagunça e na mistura de gêneros. E então vamos aos Parras.

20. O chileno Nicanor Parra (1914-2018) foi o ícone da "antipoesia", espécie de movimento que prezava liberdade formal e ideológica, um instrumento para fazer acusações contra as deformações das ideologias e contestar cânones literários, sempre em uma linguagem prosaica, quase oral, uma poesia não

eloquente, próxima à língua cotidiana, mas irônica, sarcástica, subversiva e provocadora. Victor não era um grande admirador do Nicanor (e sim de sua irmã, a compositora, poeta, folclorista e atriz Violeta Parra, que dá o ar da graça em uma das suas crônicas), mas poderíamos emprestar alguns desses itens da "antipoesia" à metade de suas crônicas. Afinal, como ele escreve em sua primeira crônica,

> não há vanguarda, não há líder nem messias em campo nenhum da experiência humana atual. É necessário, ainda outra vez, escutar a bruta e oca poesia dos leilões de gado para descobrir como não ser gado. Só assim seremos capazes de dar, enfim, um nome ao nosso tempo.

E as contestações proliferam... De crônica em crônica: políticas, artísticas, literárias. As alfinetadas aos cânones (sobra até para Rubem Braga e João Cabral) são recheadas de uma fina e terna ironia, um belisco carinhoso.

21. Há, também, outras variações sobre a crônica clássica, em especial formais e espaciais. A dos jornais tem um espaço muito definido, regido pelo número dos caracteres, e seus autores têm uma espécie de contrato com seus leitores, já que eles esperam exatamente sempre a mesma coisa: o humor, a crítica ou a beleza de seus autores. As crônicas dos portais, com suas chamadas e subtítulos caça-cliques, prontas para serem compartilhadas o maior número de vezes possível, também não encontram muitos paralelos na máquina-heringer. Grande parte dos textos aqui reproduzidos vai na contramão de tudo isso: não tem ilustração bonitinha nem subtítulo; mas sim trechos do inglês e do espanhol sem tradução, referências obscuras, longas entrevistas, tradução de poemas, listas, trechos de diários... Um contraste muito nítido daquilo que se espera da tradicional crônica

brasileira (uma anticrônica?, continua insistindo este apresentador, sem muita convicção).

22. Mas, para dificultar ainda mais esse meu raciocínio canhestro, umas aspas lá da sua primeira crônica: "As formas todas podem e devem dialogar entre si". O próprio gênero, geral e pobremente catalogado em crônica lírica ou humorística ou crônica-ensaio ou filosófica ou jornalística também é subvertido por essas plagas, já que prevalece o pot-pourri estilístico em cada uma delas.

23. Teimosia: o livro bem poderia ter sido dividido dessa maneira, entre as crônicas e as anticrônicas (ó, céus, ele continua nessa), mas respeitar a ordem cronológica delas é entender o tempo em que elas foram escritas, e o próprio tempo do autor se entendendo com seu espaço.

24. Ou então, e aí seria algo realmente heringeriano, enquadrar todas como poemas de uma vez, pois em uma das crônicas ele escreve que "poesia é tudo aquilo que funda mundos no mundo".

25. Momamã.

Meus agradecimentos a Mirna Queiroz, Marianna Teixeira Soares, Eduardo Heringer e Alice Sant'Anna, que contribuíram e possibilitaram a organização deste livro.

Carlos Henrique Schroeder

No sé cuándo vendrá.
Vendrá para el cumpleaños
De nuestra soledad.
Violeta Parra

2014

Este tempo, ainda sem nome, que começa agora

Em meados dos anos 1970, Werner Herzog foi à Pensilvânia, nos Estados Unidos, filmar o World Livestock Auctioneer Championship, o campeonato mundial de leiloeiros de gado, e a experiência resultou no documentário *How Much Wood Would a Woodchuck Chuck* (1976). Nele, assistimos a uma estonteante sequência de recitações em altíssima velocidade, hipnóticos pregões, incompreensíveis anúncios de compra e venda (ou compreendidos somente por iniciados), a ladainha do capitalismo feroz. O subtítulo do documentário, *Beobachtungen zu einer neuen Sprache* [Observações sobre uma nova linguagem], é revelador: Herzog acreditava que a fala hiperveloz dos leiloeiros era a última poesia possível, a verdadeira poesia do capitalismo, como afirma em conversa com Paul Cronin (*Herzog on Herzog*, Faber & Faber, 2002). Para o diretor, toda época possui sua linguagem extrema (como é o caso dos cânticos religiosos), e a do século xx era justamente a voz do ritual frenético do leilão.

A fascinação pelos pregões não é exclusividade de Herzog. Os gritos e cantos de vendedores ambulantes, por exemplo, despertaram alumbramentos em Manuel Bandeira: "Me lembro de todos os pregões:/ Ovos frescos e baratos/ Dez ovos por uma pataca/ Foi há muito tempo..." ("Evocação do Recife"). E é um pregão o que desperta o rememorar do *Memorial de Aires* machadiano: "faz hoje um ano que voltei definitivamente da Europa. O que me lembrou esta data foi, estando a beber café, o pregão de um vendedor de vassouras e espanadores: Vai vassouras! Vai espanadores!".

Eu mesmo, quando ouvia um vendedor de vassouras (Olha-á vassourá!) no meu velho bairro do Catete, tinha a impressão de escutar o vendedor do Machado. Ele passava toda quarta-feira pela manhã, e toda vez eu sentia a curiosa cócega cósmica — Olha-á vassourá! — que nos faz, de repente, compreender tudo. Na voz daquele vendedor ambulante eu ouvia a voz do comércio (do verdadeiro e humano comércio!), e subitamente tinha todas as respostas para os problemas econômicos do planeta. E entendia a melancolia crua da cidade, a importância do nomadismo, a beleza da poesia sem afetação. Ao ouvir aquele pregão, eu era testemunha da bonita e absurda experiência dos homens sobre a terra.

Herzog também foi atraído pelo canto encantatório dos pregões, e identificou a evolução (ou degeneração) última desse tipo de poesia, o ponto ômega da tradição oral naquele século XX, pai e mestre do nosso.

Entretanto, em meio ao frenesi dos leilões de gado e dos pregões da Bolsa de Valores, ainda ressoam as vozes que apregoavam e cantavam no século XIX (e no XVIII, e no XVII...). É isto o que o anacrônico vendedor de vassouras do Catete tem a nos ensinar: nada se perde completamente; tudo o que hiberna uma hora acorda; as tradições se realimentam. Há permanência até nos pregões, por que não haveria na arte? Um soneto jamais abolirá um ideograma concretista. O cinema depende do romance. Nada cancela nada. As formas todas podem e devem dialogar entre si.

Poucos séculos anteriores foram mais ecléticos do que o nosso infante XXI. Romancistas fazem HQ, poetas fazem vídeo, desenhistas fazem poesia, um muito promissor et cetera desponta no horizonte. O artista total parece renascer, após sua morte prematura no Renascimento e breve despertar na mítica era das vanguardas. E, por sua vez, o tempo deste novo artista não tem uma só linguagem extrema que o defina; ele é definido, justamente, pela babel de linguagens, todas extremas, todas significativas. Como já escrevi aqui, Herzog acreditava que a última poesia possível do século XX era o delírio vocal dos leiloeiros. A poesia possível do século XXI, por sua vez, é aquela mais todas as outras. O nosso é o tempo em que possibilidade encontra possibilidade. Irônica e tragicamente, toda essa possibilidade se dá no seio da geração que, muito provavelmente, ditará a extinção de sua própria espécie.

Há um ensaio de Octavio Paz intitulado "A nova analogia: Poesia e tecnologia" (em O arco e a lira, Cosac Naify, 2002), no qual o poeta mexicano tenta vislumbrar este tempo, ainda sem nome, que começa agora, e a arte que o acompanhará. O texto, escrito décadas antes da popularização do computador e da internet (em 1967), saúda o computer e admite o que, ainda hoje, muitos teimam em negar: os avanços técnicos transformam não só os meios de transmissão da arte, mas também o modo como a produzimos. Praticamente todos os dias nós nos deparamos com uma novidade capaz de revolucionar a criação e a fruição de poemas, romances, peças visuais, performances etc. Essas novidades, no entanto, nem sempre vêm do Vale do Silício ou da comunicação high-tech. Às vezes, partem da boca de um vendedor perdido na cronologia, que perambula pelas ruas de uma cidade tropical oferecendo vassouras. Às vezes, o avanço está lá atrás.

É isso o que o nosso tempo deve aprender (não só no âmbito da arte), sob pena de aniquilação. Utilizar e ressignificar técnicas múltiplas não necessariamente quer dizer aceitação cega do mito do Progresso, que certamente nos levará à catástrofe. Ao contrário do que afirmam ludditas e tradicionalistas de uma nota só, o nosso não é o tempo do vale-tudo — este quase sempre relacionado a uma suposta dissolução estética, mas também ética, que nos impediria de enxergar um Rumo. Esse resmungo não passa de saudade de uma vanguarda a ser seguida e desejo de que surja, do nada, um salvador da espécie. Não é que não saibamos para onde ir. Em termos planetários, aliás, temos pouquíssimas saídas, mas muitas, muitas maneiras de apontá-las. O que significa o seguinte: não há vanguarda, não há líder nem messias em campo nenhum da experiência humana atual. É necessário, ainda outra vez, escutar a bruta e oca poesia dos leilões de gado para descobrir como não ser gado. Só assim seremos capazes de dar, enfim, um nome ao nosso tempo.

8 de fevereiro de 2014

Enchendo a cara com o Geraldo

O que o público vê é o autor se embriagando, dizia a legenda que o *Jornal do Brasil* estampava ao lado dos fotogramas de *A situação*, de Geraldo Anhaia Mello, na edição de 31 de dezembro de 1978.

A legenda está correta. De fato, o que se vê nos nove minutos de *A situação* (vídeo produzido em 1978 com uma Sony Portapak, pioneira pesadona das câmeras portáteis) é Anhaia Mello sentado a uma mesa, bebendo cachaça e erguendo brindes à situação política, econômica, cultural, brasileira — as únicas palavras ditas pelo autor em toda a fita. Em depoimento de novembro de 2001, o artista afirma:

> Eu fiz essa fita tomando dois litros de pinga. Eu falava sempre o mesmo discurso: A situação política, econômica, cultural, brasileira. Que era só o que se falava na época! Todo mundo se sentava nas mesas para falar mal do governo, ou para falar da situação, para se lamentar em geral. [...] Eu estou completamente bêbado ao final dos primeiros quatro minutos. Depois, nos últimos cinco, vou me dissolvendo na frente da câmera.

Não é somente o autor que fica bêbado ao longo da fita. Seu discurso, repetido à exaustão, também se embriaga e perde os sentidos. Não por acaso, a manchete da matéria no JB era videoarte: a TV contra a TV. Segundo Christine Mello, em "Extremidades do vídeo" (Senac SP, 2008), a videoperformance de Anhaia Mello faz uma metacrítica dos discursos transmitidos pelos âncoras de TV no período da ditadura militar no Brasil. E é mais: em suma, *A situação* é o coma alcoólico (induzido) do verbo. É uma peça política (mas não panfletária, como grande parte da produção do período — o que, aliás, é plenamente justificável) cujo ritmo nos deixa entrever o poder que o tempo tem de esvaziar palavras e homens.

A situação é uma das obras mais relevantes da história da arte brasileira, sobretudo para nós, hoje. E, como se sabe, o hoje é um fenômeno um bocado inconveniente: exige que tudo seja revisto e refeito à sua imagem e semelhança. A situação de 1978 demanda uma releitura, com olhos de 2014.

Afinal, qual era a situação em 1978? A Beija-Flor de Nilópolis era a campeã do Carnaval, a Rede Tupi exibia de novo a novela *O direito de nascer*, e a Força Aérea ainda investigava as estranhas luzes (seriam extraterrestres?) reportadas pelo povo de Colares, no Pará. Em 1978, Suzana Araújo foi eleita Miss Brasil e João Baptista Figueiredo, presidente do Brasil.

E qual é a situação em 2014?

21 de fevereiro de 2014

A de amor, F de falso

A história é famosa: em 30 de outubro de 1938, uma transmissão radiofônica de A guerra dos mundos, de H. G. Wells, adaptada para simular um noticiário, convenceu alguns americanos de que os Estados Unidos estavam realmente sendo invadidos por marcianos. Nos dias seguintes, a imprensa inflou tanto o episódio que acabou alçando Orson Welles, que dirigia, estrelava e pregava a peça, para a fama.

Em 1974, Welles encerrou no cinema o ciclo que havia iniciado no rádio. F for Fake (Verdades e mentiras, na versão em português) estourou a forma-documentário e inaugurou uma nova época nas artes: da metaficção dos escritores às vinhetas da MTV, tudo deve ser escrito com o F de falso. O documentário de Welles sobre falsificadores de obras de arte, e falsificador ele-mesmo (um fraudocumentário), é essencial para compreendermos a arte que veio depois — e muito do que veio antes.

As estripulias ficcionais de Orson deram cria. Muitas. Aqui no Brasil, em 1985, um programa chamado Verdades e mentiras (batizado em homenagem ao filme de Welles e produzido por

Geraldo Mello para a Rádio USP) veiculou a notícia de que a Serra do Mar estava desabando sobre a cidade paulista de Cubatão, atingindo várias indústrias do polo petroquímico e liberando gases estocados, o que deixou os moradores em pânico. A sorte, segundo o coordenador da Defesa Civil Egídio Régis, é que era a hora de *Roque Santeiro*, senão o problema em Cubatão seria muito maior (*O Globo*, 6 dez. 1985).

Em abril de 1957, a BBC exibiu em seu tradicional e seriíssimo *Panorama* uma reportagem de três minutos sobre a colheita do espaguete no sul da Suíça, onde, segundo a notícia, floresciam as árvores do precioso fruto. Depois do programa, muitos espectadores contataram a emissora para pedir informações: queriam aprender a cultivar seus próprios espagueteiros.

O *Science Report* da TV Anglia transmitiu, em 1977, o documentário *Alternative 3*, sobre a ameaça catastrófica das mudanças climáticas e o plano de colonizar Marte e a Lua após a ruína da civilização. Na noite do 31 de outubro de 1994, a programação da rede americana CBS foi interrompida para noticiar uma invasão alienígena, isto é, para exibir um filme de Robert Iscove intitulado *Without Warning* (estrelando: o respeitado âncora Sander Vanocur e muitos outros repórteres da emissora).

Listo alguns dos meus fraudocumentários favoritos: *C'est arrivé près de chez vous* (1992), de Rémy Belvaux, André Bonzel e Benoît Poelvoorde; *Las Hurdes* (1933), de Buñuel; *Zelig* (1983), de Woody Allen; *Forgotten Silver* (1995), de Peter Jackson e Costa Botes... e *Close-Up*, lançado em 1990 por Abbas Kiarostami, que compõe, com *F for Fake* (1973), a dupla luminosa do cinema-verdade.

A lista segue, e é longa como a nossa tradição de fraudes, que vai das baixas intrigas do Palácio aos livrinhos de viagens a lugares inexistentes, passando por autoficções, imposturas filosóficas e picassos falsos... Algumas dessas peças brincam com a ficção nos fatos, outras com os fatos na ficção, mas todas falam do real — ou melhor, perguntam-se, como o fez Werner Herzog na sua "Declaração de Minnesota": "sobre a realidade: o quão importante ela é, na verdade? E: quão importante é, na verdade, o Factual?". Pouco, pois existe uma verdade misteriosa e esquiva, que só pode ser conhecida por meio da fabricação, da imaginação, da estetização. Para atingir o mais profundo da verdade, é necessário inventá-la.

Falsos profetas de falsos deuses: não são outra coisa, os artistas. A fraude máxima é falsificar a ponto de dar a volta na mentira para torná-la verdade, inventar um novo mundo: este mesmo.

E, a cada nova peça pregada na história, é Orson Welles, velho, barbado e rechonchudo, quem ressurge para perguntar, com os versos de Kipling e a voz do diabo: *"'Till the Devil whispered behind the leaves: It's pretty, but is it Art?"*.

8 de março de 2014

Matilde

A poesia raramente vem com o poema. É algo à parte. Isto é, para atingir a poesia de certos poemas, é necessário já estar em estado poético, aberto, receptivo ao chacoalho cognitivo. São poucos os casos em que o poema é a causa da poesia no leitor, não o efeito da poesia do poeta. São poucas as pessoas capazes de verdadeiramente produzir poesia nos outros. Matilde é uma delas.

Matilde Campilho nasceu carioca, mas em Lisboa, no ano de 1982. Publicou textos em revistas e jornais (*Modo de Usar & Co.*, *O Globo*, *Folha de S.Paulo*...), diversos videopoemas e até mesmo quadrinhos (com o artista visual Odyr Bernardi). Sobretudo, Matilde foi morar no Rio na mesma época em que eu também morava. Sorte cósmica minha, que um dia a conheci, num jantar no Jardim Botânico, e testemunhei o nascimento do apelido pelo qual até hoje a chamamos, com o maior dos carinhos: Copacabana. Ela chegou no dia 22 de março de 2010, para uma estada de três semanas, mudou a passagem três vezes e, diz ela, o resto foi o que se viu: tornou-se poeta carioca. Matilde é a prova viva de que a definição do Jayme Ovalle para o carioca era certeira, mas incompleta: "carioca é um sujeito nascido no Espírito Santo ou em Belém do Pará" (ou em Portugal).

Seus textos, em quaisquer formatos (inclusive despretensiosas postagens no Facebook), são de uma imaginação poética assombrosa. Geralmente longos (um respiro em tempos anêmicos), usam da repetição de maneira muito inteligente e jamais degeneram para a firula técnica ou sentimental. Ainda não encontrei sujeito que não gostasse dos poemas da Matilde, que não fosse movido por sua elegância. São baques. Vivem num território em que todo clichê é novo (que outro poeta seria capaz de falar de Coney Island e beisebol com tanta novidade? Manuel Bandeira, e só) e tudo deve ser visto com olhos de ternura. Não quero destrinchá-los e oferecê-los ao leitor em pedaços; é quase um pecado tentar analisá-los, o que, mal ou bem, sempre atenta contra a feitiçaria do poema.

O melhor é lê-la, em poema, como o inédito que publicamos aqui, e em entrevista. Fiz algumas perguntas a ela — que hoje mora em Portugal (olha como o Rio ficou! É um país mais triste...) — e tive uma bonita surpresa, surpresa esta, aliás, pela qual todos esperávamos com certo fervor: vem livro por aí.

VICTOR HERINGER: Querida, comecemos falando de promessas. você é considerada uma promessa da poesia em língua portuguesa, no sentido de talento que desponta, e nos promete algo ainda mais palpável, isto é, de papel: você ainda não publicou um livro. Mas, de certa maneira, essas promessas se cumprem cotidianamente, por meio de textos em jornais e revistas, na internet, em vídeos, leituras e festivais pelo mundo. Essa é uma escolha deliberada? Sua poesia é mais do livro dos dias do que do impresso?

MATILDE CAMPILHO: Ainda essa semana uma amiga me perguntava por que raio eu quase sempre escrevo na rua, em cafés ou em jardins, o tempo todo em lugares diferentes. Perguntou se eu não acharia bom escrever num lugar só. Um estúdio, por exemplo. Respondi que não, que acho muito necessário assistir aos acontecimentos mínimos do mundo para poder escrever. Sempre preferi os hotéis às casas, as ruas aos estúdios. Comigo funciona assim, pelo menos por agora. Os hotéis e as ruas são os melhores lugares onde se morar, porque a vida se multiplica. Presenciar essa multiplicação é uma benção danada, e poder escrever sobre ela, então, nem me fale. E a coisa da internet está muito relacionada com isso também. Os poemas de rua são muito imediatos, são notas sobre o agora. Foi assim que começou tudo: durante muito tempo eu nem sabia que fazia poemas, eu só observava o mundo, sabe? Como você, eu sou dessa geração que quando nasceu não existia sequer a internet. Depois foi tudo muito rápido, o e-mail, os blogues, o Facebook, as revistas on-line. A gente aprendeu rápido a funcionar com tudo isto, e começamos a falar coisas. Eu andava sempre de um lado para o outro e comecei a falar coisas na rede, a escutar coisas também. Era como se a internet, durante um tempo, fosse o novo caderninho que a gente carrega no bolso quando sai para a rua. Depois, claro, tem aquela coisa de o on-line permitir as publicações avulsas. Eu posso publicar um poema num dia, no próprio dia em que escrevi ele. Posso tentar descrever a multiplicação que está acontecendo exatamente naquela hora. Não preciso esperar que um livro esteja completo, se for o caso de existir um livro de poemas. Isso te dá outra liberdade também. Ir publicando poemas sem um compromisso com a edição ou com a diagramação, isso me deu uma grande liberdade. Mais tarde fui entender que esse não compromisso também pode ser traiçoeiro, e isso também foi um aprendizado. Mas claro, foi tudo tão rápido, nós fomos aprendendo o on-line ao mesmo tempo que ele foi se desenvolvendo, e só agora a gente começa a entender que a internet não é toda feita de liberdade. É preciso ter cautela também — assim como não dá para você sair falando tudo na rua o tempo todo, talvez não dê para sair soltando qualquer informação na rede. Até porque a internet tem (ou tinha) esta coisa estranha de oferecer a ilusão de que tudo o que é dito nela é verdade. Já sabemos que não é assim, e somos mais cautelosos. Repare: ali você publica um texto ou uma ideologia, e não sabe para quem está falando. Não sabe o que isso vai despertar. Acho que é preciso ter cuidado com as pessoas, e para cada pessoa há um diálogo distinto. Eu sei que tem muita gente que fala o contrário, mas eu ainda acho que o mais difícil de gerir na rede é a ausência de um rosto concreto. Agora, quanto aos poemas, se você quer saber se isso da publicação deles só nesse espaço foi proposital, não. Foi acontecendo assim, precisamente como reflexo desse novo bloco de notas. O que entendi depois é que muitas vezes os poemas, estando na rede, podiam chegar a mais lugares do que se estivessem todos depositados num livro. Eu tenho essa coisa de ir vivendo mais ou menos entre Portugal e o Brasil, meus amigos são dos dois lugares. E se eu publicar um poema agora mesmo na internet, você e meu amigo lisboeta vão poder ler ele ao mesmo tempo. Acho isso incrível. Mas claro que nada disto invalida a existência de um livro. Só aconteceu que as coisas começaram por outro lado. E aliás, olhe que eu acho que está vindo um livro aí. Seja como for, eu espero poder continuar escrevendo poemas, como você falou, do livro dos dias. Os dias são na verdade a coisa que mais me importa.

VICTOR HERINGER: Além dos textos, você já produziu vários videopoemas. Como é sua relação com o vídeo, com as artes visuais?

MATILDE CAMPILHO: Os videopoemas. A culpa desses videopoemas foi dos atrasos nos correios. Eu morava no Rio de Janeiro e o Rio de Janeiro é um disparo perpendicular para o paraíso dos postais. Isso daí não é meu, mas eu acho tão bonito, você não acha? Está no *Tender Is the Night*, do Fitzgerald. Acontece que no caso o personagem está falando de Zurique: "*In Zurich there was a lot besides Zurich* [...] *— so life was a perpendicular starting off to a postcard heaven*". Se isso é possível na Suíça, imagine no Brasil. Aliás, se esse disparo é possível no inverno, imagine no verão. Aqueles meus primeiros tempos no Rio de Janeiro foram tempos de muito espanto, de muito flaneurismo. Nunca me dei muito bem com o frio, nem com a excessiva organização das ruas e dos lugares. De repente me acho numa cidade onde, para alguém nascido na Europa, nunca faz frio. Essa opinião mudou com o tempo, mas isso é outra conversa. Faz frio no Rio sim, só que acontece que no começo não dá para sentir. Você está muito ocupado com acostumar-se à nova respiração — umidade e tal —, acostumar-se com o novo cheiro de um lugar, tentar entender onde uma rua vai dar e de onde ela vem, mais do que isso, como é possível que o mar esteja de um lado e também do outro. É tudo uma grande novidade e leva tempo para a gente entender o desenho de uma cidade. E quando você finalmente percebe o desenho das extremidades dela, tem tudo lá de dentro para descobrir. O centro da cidade. Zona norte e zona sul. Aquele túnel dividindo tudo. Os políticos, que não vamos chamar para aqui agora. A natureza pontuando tudo, o tempo todo. As pessoas que você começa a amar porque de repente você já está morando realmente naquele lugar. Não quero ser demasiado sentimental, me desculpe, mas eu realmente ia descobrindo o amor o tempo todo, até quando a cidade me mostrava a cara feia. Por causa disso eu acabei morando nuns cinco bairros diferentes, e acho que ainda faltam bastantes. Eu ia para passar vinte dias, fiquei anos.

Portanto imagine a quantidade de coisas que eu queria contar nos postais. Teve uma época em que eu passava realmente muito tempo nas filas dos correios. Queria explicar os dias, contar sobre o emprego novo, depois o outro, depois o outro. Contar sobre aquele dia em que achei que não tinha nada para fazer e fui descobrir a biblioteca onde existia uma prateleira lotada de livros do Octavio Paz. Sobre o dia em que me perdi na Nossa Senhora de Copacabana, e olha que aquela rua é toda reta. Sobre a noite em que eu estranhei tudo em Vila Isabel, só para ir entender depois que a estranheza era nunca ter ido ali antes. Olhe, muitas vezes eu nem queria contar nada de concreto. Escrevia um postal para Lisboa só dizendo "que coisa!". E claro, tentava que cada postal tivesse um carimbo diferente, de um posto diferente. Achava que todas as linhas de um postal eram importantes, inclusive as carimbadas por outra pessoa que não eu. Mas aí teve um dia em que o que eu queria dizer não cabia de forma alguma naquele espaço condicionado do cartão. E, aliás, era um recado que tinha que chegar sem atrasos. Por causa do fuso horário — e esse fuso era uma história sempre incômoda, ainda é — não dava para ligar muito para a Europa. Então dessa vez eu resolvi gravar meu recado. E porque recado gravado pode ficar meio chato, e porque eu ainda queria dizer qualquer coisa mais, fiz um vídeo. O tal videopoema de que você fala, era só um recado. O primeiro foi assim, e o segundo, e o terceiro, sempre assim. E aconteceu que aquele primeiro se espalhou um pouco mais do que eu havia previsto, coisas da internet, e eu entendi que podia ser uma boa forma de contar notícias. Ah é, tem também esse problema de eu ler muita notícia. Fico misturando as novidades das ruas com as minhas próprias novidades, mas depois ainda tem as novidades do mundo. Eu não resisto às novidades do mundo. E quando você fala das artes visuais num plano mais geral, veja, elas pertencem quase sempre à categoria das novidades do mundo. Pertenceram sempre, e têm essa incrível capacidade de se desdobrar. Como é possível que um Caravaggio ainda te comova? Mais, um desenho numa pedra, feito há tantos séculos? Somos esta geração que parece ter acesso a tudo, e tão rápido — em meio minuto você acede às mais distintas imagens possíveis. De quase todas as épocas. Acho que o difícil é mesmo o exercício do garimpo — parece que hoje podemos escolher nossas influências, mas por onde começar? Para onde ir depois disso? Desculpe, estou te devolvendo perguntas. O que eu quero dizer é, sim, minha relação com as artes visuais é inegável, tanto quanto com a notícia, com as ruas, com as pessoas. Tudo é influência, e mais do que influência, tudo é a direção do poema. O poema vem do mundo, e vai para o mundo.

Só mais uma coisa, Victor: eu ainda mando postais. Apesar de tudo, acho que não tem vídeo nem poema que possa substituir um cartão-postal.

VICTOR HERINGER: Nós, os seus amigos cariocas, te víamos ler em público com o sotaque carioca-português que você usava no rio e ao qual estamos acostumados. Mas, em algumas ocasiões, você pedia licença e lia em português de Portugal, para o mágico espanto de todos. Essas suas duas vozes, a de Copa e a de Lisboa, sempre me impressionaram. Como elas convivem em você? Qual a importância da voz carioca no teu trabalho?

MATILDE CAMPILHO: A primeira vez que li alguma coisa em público foi no CEP 20000, a convite do Chacal. Como suponho que muitos de nós. E eu falo nós porque, deixe que lhe diga, se não fosse pelos empurrões de meus amigos no Rio, eu não sei se alguma vez teria lido alguma coisa em voz alta. Tinha aquela coisa de, em tantas quartas-feiras de noite, irmos até Botafogo, ali no teatro Sérgio Porto, para escutar gente falar poemas, ou falar algo que valesse a pena ser falado naquela hora. E Chacal organizando tudo, durante anos e anos. Tive a sorte de cair naquele lugar com vocês. Lembro que teve uma noite em que Laura (Liuzzi) e a Alice (Sant'Anna) foram ler um poema. As duas, ao mesmo tempo, no mesmo palco. Falaram de peixes. Eu fiquei colada na cadeira. Era maravilhoso ver duas pessoas de quem eu já gostava tanto lendo coisas tão bonitas. Quando voltaram, uma delas sentou do meu lado e perguntou: por que você não lê um poema também? Eu ri. Não podia ler poemas, não podia ler nada. Porque, como você diz, no Rio de Janeiro eu me acostumei a falar com aquele sotaque estranho, uma coisa perdida no meio do oceano Atlântico. Uma tentativa de carioquês, com muitos toques de Portugal. Já nem sei mais como isso foi acontecer, acho que começou em nome de um entendimento mais rápido, mas de igual para igual. Porque era igual que eu me sentia. Tinha tudo a ver com a musicalidade da fala carioca que entra muito no ouvido e depois não sai. Então eu falava assim. Mas não podia ler assim, ler não é tão imediato quanto falar, e se eu fosse ler naquele palco ia parecer que eu era outra pessoa, com outra voz. Dessa vez eu não fui, mas um tempo depois o Chacal me chamou. Ele tinha lido uns poemas meus no jornal e me convidou para falar no CEP. Aquilo parecia tão normal para todo mundo, mas eu estava bem nervosa. Subi no palco e antes de qualquer coisa eu pedi licença aos meus amigos para ler em português de Portugal. Lembro até hoje: li o tal poema do jornal, e um poema sobre Lisboa. Acho que foram precisamente as imagens de Lisboa que ajudaram em tudo à fala portuguesa. E o nervosismo passou todo, porque durante aqueles minutos era como se eu estivesse nas ruas da cidade onde nasci. Melhor: estavam vocês lá, vocês e meus amigos de Portugal. De repente aquele era o melhor lugar do mundo. Havia um alinhamento qualquer entre o

Rio e Lisboa, e naquele exato momento eu senti ele passando por meu corpo. E ler os poemas em alto, descobri, afinal era muito importante para entender o ritmo deles. A partir daí eu passei a ler muito, muitas vezes, em vários lugares. Sempre em português de Portugal. O engraçado é que a maioria deles eram (e são) escritos em português do Brasil. De tanto falar o tal carioquês na rua, eu acabei pensando em português do Brasil. Muitas vezes lendo (aquela leitura muda, que acontece só entre os livros e a gente) em português do Brasil. Isso aconteceu também porque foi no Brasil que comecei a ler de verdade. A ler muito. Os livros que na livraria Berinjela falavam para eu ler, os livros que o Carlito (Azevedo) dizia para eu ler, os livros que meus amigos me emprestavam. Os livros escritos por meus amigos. Também porque foi só no Rio que eu fui entender qual era o tempo, o espaço, e a importância da leitura. É certo que eu já poderia ter entendido isso antes, mas eu sempre sofri de um déficit de atenção danado. E foi naquela cidade, apesar das distrações das ruas, que percebi que era possível — e aliás obrigatório para meu trabalho — separar determinados momentos para uma real dedicação aos livros. E claro, quase todos esses livros estavam escritos em português do Brasil. Era inevitável que minha escrita fosse contaminada, e na verdade eu não fiz esforço nenhum para o não acontecimento dessa contaminação. Se aquela cidade estava me transformando tanto o tempo todo, por que não transformar minha voz? Agora eu estou em Lisboa, você está em São Paulo, e estamos conversando os dois em português do Brasil. O que significa que essa transformação ficou comigo até hoje.

22 de março de 2014

Viver na literatura

Certa vez, Adolfo Bioy Casares disse que, se pudesse viver em um de seus livros, viveria em *Dormir al Sol* (1975), um romance desprovido de tragédia ou, mais precisamente, de dor, no qual um relojoeiro se convence de que sua mulher foi substituída por uma impostora. Apesar de tanta incerteza, uma curiosa convicção perpassa o livro: a de que a vida, no fim das contas, vale a pena. Eu, que não sou lá muito otimista, não sei não.

Mas Bioy Casares tem razão. Existem livros nos quais eu gostaria de viver. Em outros, só passaria as férias — e alguns são países tão distantes que me contento em ver fotos. Quem, em sã consciência, gostaria de viver no *Finnegans Wake* do Joyce, com suas ruas de infinitas esquinas escherianas e idioma sempre estrangeiro? Imagine preencher o imposto de renda no *Finnegans Wake*. Em *Ulysses*, passaria férias, mas voltaria logo, porque uma hora a culinária me faria mal. Não viveria em nada do Gombrowicz nem do Beckett, em nenhum poema do Drummond... Não se trata de um julgamento de valor. Apesar de amá-los, simplesmente não dá para morar no *Ferdydurke* ou em "A mão suja", ou viver esperando

Godot. Por outro lado, também não dá para morar nos *Jogos vorazes* ou nesses arrasa-quarteirões violentos: com tanta demanda, o aluguel deve custar o pescoço.

Eu tiraria longas férias no *Dom Quixote* ou na pós-maluquice de *Lanark*, do Alasdair Gray. Quando me sinto aventureiro, penso em visitar *O físico prodigioso*, de Jorge de Sena, ou o *A estrela sobe*, do Marques Rebelo. Em condições normais, sou um semipessimista irritadinho ou um irônico alegrão; devia, pois, querer viver em Machado de Assis, em Unamuno, em Sterne ou no *Bouvard e Pécuchet*, mas não. Nem viveria em nenhum dos meus livros, não sou maluco. Quero é ser feliz. Prefiro viver em Manuel Bandeira e de vez em quando aproveitar umas folgas no vácuo com Brás Cubas e a paranoia de Thomas Pynchon.

Há cinismo demais no mundo e há sujeira demais em nós. Quem não trocaria a vida besta de hoje pela vida besta das canções de Caymmi? Quem não gostaria de passar um fim de semana em *A vida descalço* do Alan Pauls? Quem raios quereria viver no Kafka? Já vivemos no Kafka. Quem quereria casar e comprar um apartamento no *Marília de Dirceu* para ignorar a escravidão geral lá fora (Tu não verás, Marília…)? Já vivemos nessa lira de Gonzaga. Vamos viver de brisa. É preciso viver de brisa.

Porém, se o dinheiro encurtar e não der para morar nas obras completas do Bandeira, que me concedam isto, pelo menos: quero morar de favor em uma de suas crônicas, aquela que se intitula "Zeppelin em Santa Teresa". Está em *Andorinha, andorinha*, não é difícil de achar o lugar, o poeta nos dá direções:

> O Curvelo é um pedacinho de província metido no Rio de Janeiro. […] Rua sossegada esta, onde pela volta do dia é doce acompanhar o jogo das sombras das fachadas no tabuleiro de paralelepípedos; as lavadeiras estendem roupa nos paredões que fecham a calçada do lado da perambeira […] e pela boca da noite é aqui que todos os namorados da redondeza vêm passear agarradinhos.

E continua: "Só houve intervenção federal uma vez, quando os comunistas quiseram reunir-se na casa do intendente Otávio Brandão para escolher os seus candidatos à sucessão presidencial e às cadeiras do parlamento". Sempre a política estragando o Brasil. Sempre. Mas o restante da crônica, quando o zepelim faz sua entrada, é que é de viver. Dores sem tragédia, coisas miúdas. Café pequeno. Não há outro autor brasileiro que guarde tanta promessa de vida sem ser parvo ou meloso. Não tenho dúvida, Manuel Bandeira é uma das melhores províncias para se viver.

8 de abril de 2014

Ismar

Existem coisas neste mundo que são Ismar. Um mal-entendido cotidiano numa loja de departamentos, por exemplo, é Ismar. Aquele poema do John Berryman que começa assim: *"Life, friends, is boring"* é muito Ismar. Por virtude de um famoso poema dele, aulas de natação & hidroginástica tornaram-se também bastante Ismar. E às vezes nem o Ismar consegue ser tão Ismar quanto certas coisas que acontecem comigo, que sou só amigo do Ismar.

O Ismar de carne e osso nasceu no Rio de Janeiro em 1985. Isso depois de Cristo. Alguns anos mais tarde, nós nos conhecemos. Tomamos cervejas na praça São Salvador, já devidamente rebatizada de praça Ismar Tirelli Neto, à revelia e anos à frente das autoridades competentes. É na pracinha que boa parte da literatura contemporânea do Rio de Janeiro se reúne, quase sempre com a presença amorosa do Ismar. Se o aluguelaço não expulsar todos os artistas da cidade (essa gente economicamente inviável), a pracinha se tornará, junto com o teatro Sérgio Porto e o Lamas, o que foram para os nossos antigos o perímetro da

Lapa ou da velha Ipanema... E lá estará o meu amigo, quietinho, olhando e rindo.

Somos quietinhos — ele, eu e os nossos, mas não falo realmente por ninguém, tenho alergia a manifestos assim proponentões. Quero dizer: somos sem muita histrionice, tímidos, deslocados, aborrecíveis. Gente possível, mas improvável. O que é esquisito, se levarmos em conta que saímos do Rio de Janeiro e que todos, em algum momento, pisamos o palco do Sérgio Porto no extrovertido CEP 20 000, sob o olhar minotáureo do Chacal, padroeiro da poesia carioca. Entretanto, a "Carta de intenção" do Ismar, primeiro poema do seu primeiro livro (*Synchronoscopio*, de 2008), é que fala das intenções de muitos de nós: "qualquer coisa de longe/ qualquer coisa de quieto/ qualquer coisa de bastante/ árido [...]".

Gosto de pensar as coisas de esguelha. Olhando de través para a literatura do Ismar, me deparo com seu trabalho em fotografia, que sempre achei um misto de Nan Goldin com Vivian Maier, muito mais Vivian do que Nan — Vivian Maier é Ismar até não poder mais, com aquela sua ternura por tudo o que é reconhecível mas um tanto fora de esquadro.

Há um díptico, porém, que ficou gravado na minha cabeça como símbolo, santo e senha de sua obra (em texto, fotografia, performance...), de sua visão de mundo. Chama-se "Cosa Devo Guardare?" (Versão I), de 2012. Trocando em miúdos: existe um ponto em nós, na pele (o que há de mais profundo, segundo a fórmula de Valéry), que somos incapazes de alcançar. Capturar o incapturável, estranho desejo de homens. Essas coisas...

E mais não digo. Só pergunto, e quem responde é o próprio Ismar. A seguir, nossa conversa, além de uma pequena seleção fotográfica.

VICTOR HERINGER: Querido, você está caminhando para o terceiro livro e tem uma das vozes mais reconhecíveis entre os novíssimos, é um autor consolidado, para usar um jargão esquisito. O que você me diz desses primeiros anos de trajetória?

ISMAR TIRELLI NETO: Bondade sua, Comendador, mas não sei de onde você tira essa ideia de que sou um autor consolidado. Aqui de onde falo cheira um pouco a cachorro molhado. Figure-se um sótão atravancado de biombos de gosto duvidoso, cortinas de contas cor-de-rosa, as traças trabalhando minha inestimável coleção de retratos da Judy Garland. De resto, estes primeiros anos de trajetória foram um calvário, mas que direito tinha eu de esperar coisa melhor? Um calvário em relação a quê? Não levo nenhuma real vantagem sobre minhas prévias encarnações, não saberia dizer ao certo o que diabos eu esperava quando tudo começou. Desde menino pressentia confusamente que algo acabaria nos acontecendo, e algo não aconteceu. Este, aquele algo. Não faz diferença. Ademais, é absolutamente possível que algo tenha, com efeito, acontecido, e que eu não possua ainda os meios de reconhecê-lo. Está muito bem, é preciso ocupar-se. Nestes cinco ou seis anos que se passaram desde que o *Synchronoscopio* foi lançado, a primeira plataforma de divulgação textual de que fiz uso regular, o blog pessoal, o diarinho a céu aberto, tornou-se algo como um arcaísmo simpático; isto é dizer, passou-se uma era. O Twitter encheu-se de humoristas de direita e nós nos atulhamos todos no Facebook, trocando joinhas, olhares desorientados e palavras de encorajamento mútuo, como se fôssemos passageiros num transatlântico e tivéssemos acabado de receber notícia da eclosão de uma guerra mundial. Quanto ao Orkut, é melhor nem trazer o assunto à baila. Ninguém sabe muito bem para onde vai e agora, mais do que nunca, sou tomado de uma imensa vontade de não ir a lugar algum. De ficar aqui, enfim, e tentar produzir alguma coisa a partir de uma materioteca pouco entusiasmante. Pareço ter fracassado sistematicamente em todas as atividades de que tentei participar até agora. Mostrei-me um bocado inapto no ambiente acadêmico, no ambiente corporativo, na música, no cinema, no teatro, na família, no amor etc. Daqui a pouco vou fazer trinta anos de idade e escrever, digo, escrever de forma não contratual, livre (e uso essa palavra com extrema desconfiança), mostrou-se, no entanto, uma constante ao longo de todos esses tropicões. Não digo que tenha dado em algo — digo que continuou. Sou obrigado a admitir que a minha relação com a literatura não se refinou muito de lá para cá — minha apreciação das obras é irracional e basicamente filisteia. No fundo, não quero realmente aprender nada; procuro identificação, e busco provocar esta mesma sensação de reconhecimento íntimo nos outros. É legítimo desconfiar da questão da vocação, tanto mais da visceralidade. Porém, aos dezesseis anos, quando tive minha primeira grande experiência literária (atracar-me com uma cópia surrada de A idade da razão que pertencera à minha mãe nos anos 1970, quando ela própria era adolescente), os abalos que se passaram comigo não tinham absolutamente nada a ver com os prazeres refinados. Não posso negar ou suavizar nada disso. Não faz mais sentido. Desde então, vou acalentando — e cada vez mais envergonhado — a certeza instintiva de que estou, na realidade, metido na atividade mais bonita e exasperante do mundo: tentar engajar a subjetividade dos outros de maneira não autoritária, tentando ao mesmo tempo reproduzir com o máximo de fidelidade possível uma certa maneira de encarar as coisas. Isto nada tem que ver com a visada imperante de que a atividade literária é um passatempo aristocrático. Tampouco tem a ver com berraria, com soltar-se completamente. Há algo extremamente urgente em escrever, mesmo quando se emprega um registro mais frívolo — o mutismo é tão possível. Mas estas coisas todas, eu ainda estou em processo de entendê-las e integrá-las num método, e já reconheço esse enfrentamento como a questão central do tribofe — é nela que devo me demorar, o tempo que for necessário. Já não acredito no poema-piada do *Synchronoscopio* (2008), é uma tentativa um bocado viscosa de fazer amigos. Mas me censuro um certo truncamento no *Ramerrão* — o fato de que, em diversos momentos do livro, eu não estou realmente falando com ninguém. A questão é que, como me acho de uma obviedade absoluta, de vez em quando me pego fabricando enigmas inúteis, numa espécie de esforço compensatório. Devo me compenetrar de que não preciso tornar as coisas mais esfumadas do que já são. Tudo isto, como se vê, é um lento aprendizado na vergonha. Antigamente, quando me chamavam para apresentar os meus textos, eu os lia muito rápido, como locutor de corridas de cavalo, de modo que as pessoas não percebessem muito bem as rachaduras. De uns anos para cá dei para ler com uma lentidão funérea, que me deprime horrivelmente e que eu preciso, de alguma forma, solucionar. Tudo me leva a crer, então, que continuarei me equivocando e me arrependendo até o final, o que é melhor do que a paralisia. Recentemente concluí que a única arte que me interessa de fato é aquela produzida por pessoas que estão tentando manter a calma diante de circunstâncias perigosas e incontroláveis. Isso dá margem a fracassos, os mais interessantes. É isso que quero fazer agora — trabalhar com ambiências, tornar uma tensão presente. Não palpável, não visível, definitivamente não resolvível — presente.

VICTOR HERINGER: Você tem uma relação muito próxima com o cinema e com a música. E, já há um bom tempo, vem trabalhando com fotografia. Como anda o Ismar fotógrafo? A escrita tem ascendência sobre as demais artes que você pratica ou estão todas em pé de igualdade?

ISMAR TIRELLI NETO: Já há um bom tempo. Percebe como o tempo vem se desconcertando? Parece, de fato, muito tempo, mas minha primeira câmera analógica foi comprada no terrível ano de 2012, também no início do outono. Foram uns meses silenciosos, eu tinha parado de beber e andava pregado à ideia do registro documental. Ano passado — o ainda mais terrível ano de 2013 — consegui fazer um modesto pé-de-meia com traduções esparsas e pude comprar uma câmera digital. Agora estou tentando me entender com os botões, mas são muitos, todos encantados. Algo como uma trava se aciona na minha mente sempre que o aspecto técnico das coisas se impõe. As pessoas do meu convívio talvez não entendam isso muito bem e se irritem um pouco, mas tudo me é extraordinariamente difícil. Não sei revelar. De edição de imagens, entendo só rudimentos, aquilo que posso fazer no Windows Live Gallery. Não posso dizer que tenha tentado a sério transportar essas imagens para o papel — não busquei ocasião de testar outro suporte que não a tela do computador. Porém, só o ato de fotografar — enquadrar, selecionar, a constante negociação entre o que enxergamos mentalmente e o que a objetiva pode captar — já nos diz um bocado a respeito de nós mesmos. Agora, vejo os retratos que tirei um tanto desorganizadamente nos últimos anos e percebo que, em quase todos, estou tentando (como disse acima) reproduzir uma certa maneira de encarar as coisas, uma certa maneira de me posicionar na cena geral. Posso ver padrões, recorrências: estou no banco traseiro de carros, na porta da cozinha, num canto, fora, magnetizado por detalhes sem relevância narrativa, pedaços de corpos que o senso comum talvez não considerasse expressivos. Ou então estou errando o foco, perdendo aquilo que devia fotografar por detrás de uma cristaleira ou coisa parecida. Essas atitudes são, em última análise, as mesmas que busco encenar nos textos. Ou seja, quase não há diferença, pelo menos em termos de impulso, trata-se apenas de exercitar uma visão de mundo. E se algum dia eu voltar a cantar ou a fazer filmes, isso também será o exercício de uma visão de mundo; uma visão que, no meu caso específico, favorece o capenga. O bom de escrever, no entanto, é que não preciso mobilizar muita gente, quase não incomodo ninguém.

VICTOR HERINGER: Quão importante é o aspecto biográfico do seu trabalho? Digo, para além do impulso autobiográfico que te leva a escrever, haveria uma necessidade de criar a sua própria vida por escrito?

ISMAR TIRELLI NETO: O aspecto biográfico do meu trabalho é uma cavalgadura. Um aspecto tão grosseiro que mal dá lugar aos outros aspectos. Acho mais prático ignorar eventuais fissuras entre o que escrevo e a minha biografia, me dispensa de falar sobre literatura e também sobre as minúcias da minha própria vida. Isso nos devolve à questão da voz. Minha voz deve soar mais ou menos reconhecível porque não tenho ouvido algum para a maneira como as pessoas falam de verdade. Não consigo sumir no texto. Como não há critérios objetivos para esse tipo de coisa, as pessoas que se identificam de algum modo com o que escrevo costumam enxergar a situação pelo viés do estilo, e as que não gostam, pelo da afetação. Estão todos corretos. O que me lembra uma anedota. Certa feita, fui contratado para escrever uma peça cuja concepção se tinha dado a partir de processos muito íntimos levados a efeito por um certo número de profissionais do ramo. Entregaram-me um material bruto e pediram a dramaturgia. Enviada uma primeira versão do texto, fui ter com os membros do elenco e uma atriz me disse, sorrindo, muito medida: mas ninguém fala desse jeito. Foi um golpe terrível para a minha noção de individualidade ouvir isso, porque eu falo daquele jeito, eu falava como aqueles personagens (todos os cinco). A partir daquele momento, ter-me na conta de uma pessoa de verdade tornou-se tarefa das mais árduas. Passara muitos anos da minha vida achando que ia, como toda a gente, aos bancos, praças, bares, instituições governamentais, esse tipo de coisa, mas aparentemente não; eu estava apenas monologando.

Isso era um problema; pelo que posso prever, não deixará tão cedo de sê-lo. Repare em como os amantes que ainda não se conhecem muito bem costumam arrular uns para os outros: você não existe. Não é perturbador? Tem-se vontade de responder: mas eu existo, eu existo, este é o problema, gradualmente me tornarei uma névoa diante de seus olhos, um borrão, um monstruoso interrobang de fumo, mas não irei embora. Enfim, me parece razoável dizer que passei a trabalhar conscientemente, de uns tempos para cá, a partir da minha própria incapacidade de entender ou apreender o outro (e também de me ver livre dele). É um borrão, mas está lá, é preciso fazer qualquer coisa. O ponto ideal é justamente esse onde não consigo tomar pé. Noto, por exemplo, nos textos mais recentes, uma recorrência de aparições hostis. Não são exatamente fantasmas, mas são figuras de contornos dúbios, ameaçadoras, cheias de exigências incompreensíveis. No final das contas, isto é um desdobramento natural de um modo de vida. São essas as figuras pelas quais me vejo cercado na maior parte do tempo. Eu só consigo enxergar as coisas pelo viés da ameaça ou do nonsense, e viver desse modo se torna menos aborrecido quando escrevo nesse modo.

Em suma, não convém questionar aqui a real eficácia da encrenca toda. Para mim, no entanto, escrever, escrever dessa maneira, configura sim um modo de agir, ainda que ele não seja propositivo no sentido ortodoxo da coisa. Não se trata de oferecer respostas diretas e eficientes, trata-se de desconfiar sempre e abertamente do nosso próprio alcance, de acrescentar à conversa geral meu nada extraordinário acidente biográfico. É um ato consolatório? De forma alguma. Pelo contrário, é uma atividade cacete que me impede de ficar quieto no meu canto, tomando café e vendo meus filmes velhos — mas é uma atividade que precisa ser feita. Trata-se de recriar a própria vida em outro suporte, este talvez mais limpinho? É provável. A vontade de desmontar a vida, recombinar seus elementos de outras maneiras, sem finalidade muito clara, talvez não passe de um desejo infantil de permanecer no espanto. Então, tento ficar na vida, não me ausentar, tento retrabalhar a experiência extraoficialmente, mesmo que a impressão de agência engendrada no processo se verifique ilusória mais adiante. Nesse contexto — atenção para o refrão — o resultado não é tão importante quanto o famigerado processo. Talvez não seja absolutamente possível retomar a vida (seja lá o que isso for). O que me parece importante — repito — é tornar essas tensões presentes; criar uma ambiência em que essa vontade, quase sempre frustrada, possa ser percebida como a dominante.

22 de abril de 2014

A crítica explicada aos médicos: uma introdução

Dia desses, numa consulta, um médico me perguntou: Mas serve para quê, a teoria literária? Disse que queria entender o que era, nunca tinha ouvido falar. Quer dizer, só tinha ouvido agora, quando eu falei que tinha feito faculdade disso. Ri, tentei desconversar, explicar que na verdade não servia para nada, mas esse papinho não cola com homens práticos; ele emendou: Ajuda a fazer livro? Uma menina de Letras o ajudava a compor seus livros de medicina (tinha escrito cinco). Respondi que sim, mais ou menos, mas não era isso. Ele desistiu logo de querer entender. Tinha mais o que fazer, tchau-tchau, se cuida boa sorte, e bateu um carimbo no meu prontuário.

Não estamos acostumados a levar essa pergunta assim de chapa, cá fora no mundo. Nos intramuros da universidade e dos cercadinhos artísticos, é uma questão quase tola, que só pode ter como resposta um para nada, ué, ou uma cátedra. Ou um texto destes, igual a milhares de outros: Afinal, o que é a crítica, qual o seu habitat, seus hábitos, de que se alimenta? Um revirador infalível de olhos.

51

Mas os médicos precisam saber.

(I) A crítica de arte tem, sim, serventia. Os críticos é que não gostam do verbo servir. Naturalmente.

(II) A palavra crítica, aqui, é um sinônimo de teoria.

(III) A crítica serve para frutificar pensamento, o que faz com que crítica e teoria muitas vezes sejam sinônimas de poesia. Poesia é tudo aquilo que funda mundos no mundo. Um romance pode ser poesia, uma doença pode ser poesia. A peste bubônica, por exemplo, foi um poema impressionante. E talvez tenha sido também uma das melhores peças teóricas da Baixa Idade Média.

(IV) Uma pessoa que aparece por aí contando quantas estrelas tem um livropeçaexposiçãodisco é uma pessoa com uma opinião, não propriamente um crítico. Pode também ser um crítico opiniático, dos da velha estirpe, mas o tempo desse povo já se vai acabando. O que não quer dizer que estão banidas as opiniões; estaríamos todos perdidos.

(V) Não existem parâmetros exatos e universais para se avaliar uma obra de arte. A arte não é uma refinaria de petróleo — e até os preços dessas costumam variar. A crítica, portanto, não pode ser uma questão de bom gosto nem de julgamento. Críticos têm preferência por certos autores e obras e períodos, óbvio, mas pensá-los é outra coisa. Pensar é sempre outra coisa. Também não há parâmetros exatos para pensar. É algo assim como fundações de ar sustentando um casebre de ar, que em geral os importantinhos dizem ser um castelo de pedra, sistema filosófico ou plano de governo. Mas é aquilo mesmo: ar fundado em ar.

(VI) Aliás, é o amor, não o gosto, o motor da crítica. O outro motor é o desgosto, não o ódio.

(O) Aliás, como no filme do Godard, a cultura é a norma, a arte é a exceção.

(VII) Logo, a pior ofensa que se pode fazer à arte é deixá-la para lá: se não se pode dizer nada, ou mais nada, sobre algo, aí é o túmulo. Se tudo o que se pode fazer com uma obra é emitir uma opinião sobre ela, muito provavelmente essa obra não é de arte. Ou esse crítico não é de verdade (mais provável).

(VIII) A crítica é a produção desenfreada de sentidos, uma clínica de gente perdida no cosmo. Pediatria das almas, embora muitos a façam parecer anestesiologia. É o arejar das linguagens (inclusive a da crítica). É um estado permanente de atenção amorosa.

(IX) A crítica, como a arte, não é coisa de homens saudáveis.

(X) É preciso fundar mundos neste mundo? Inventar as entidades que o inventaram.

8 de maio de 2014

Sobre ir embora do Rio

1. Quando me mudei para São Paulo, há poucos meses, a resposta à pergunta "Mas por que ir embora do Rio de Janeiro?" ainda não era esse óbvio todo. Então, eu tinha que responder como podia: (ah,) porque a cidade ficou cara demais; (b) porque ficou higiemonopólica demais; (c) porque eu precisava mudar de ares; (d) porque hoje em dia só dá para ser carioca fora do Rio.

O Rio de Janeiro, como Buenos Aires, Nova York ou certos monstros mitológicos, não é só um lugar, um continente, um estado de espírito. É outra coisa além, algo que entranha na identidade do sujeito e não sai mais. Por isso, saí do Rio e fiquei ainda mais carioca: o carioca leva o Rio de Janeiro consigo, é capaz de fundá-lo em qualquer lugar, até onde não há corcovados nem leblões, nem glórias.

2. Sou jovem demais para sentir saudades do Rio do meu tempo, mas é isto mesmo o Progresso: corrói rápido a época, devora quilômetros e quilômetros de calendário. O Rio me envelheceu cinquenta anos em cinco. É preciso avançar e tchau-tchau, tchau isto, tchau aquilo — tanta coisa se perdeu que não quero elencar.

Mas o Rio sempre foi assim, alguém vai dizer: pensa só no arrasamento do morro do Castelo. Havia uma montanha na paisagem que não há mais! Nós devíamos estar acostumados. (São as dores do crescimento! As dores do crescimento!)

Não sei. O Rio é uma coisa que entranha na identidade do sujeito e não sai. Como escrevi nuns versinhos, há muito tempo: a linha das montanhas da cidade = linhas de um eletrocardiograma, do carioca e do Rio. Aposto que houve mais de um que morreu de infarto quando arrancaram o morro do Castelo da paisagem, uns tantos outros que se sentiram amputados.

Quanta gente, hoje, não deve se sentir amputada?

3. Espero, sinceramente, que esta fique conhecida como a era da debandada dos poetas. Muitos de nós somos economicamente confortáveis, filhos de gente cômoda (alguns somos escritores por esse motivo mesmo), ou membros da artistocracia carioca. Mas muitos de nós não somos. Por isso gosto deste trecho da despedida que a portuguesa Alexandra Lucas Coelho publicou em *O Globo* (fev. 2014): "não quero morar numa cidade em que todo o tempo seja gasto tentando arrumar dinheiro para morar lá. [...] certamente a cidade mais bela do mundo capitalista. Como o Rio não vai perder os seus poetas?".

Gosto deste trecho do petardo-poema do Lucas Matos:

quando chegam no rio
é o caos total
mas o mais engraçado
é que na peça os cariocas
estão o tempo todo dizendo
adeus
adeus mulata
adeus bonde de santa teresa
adeus marília garcia

adeus ladeira da lapa
adeus poesia incompleta
adeus victor heringer
adeus
[...]
foi quando eu me toquei
ainda vai levar muito tempo
até a cidade voltar ao
muito tempo até a cidade
voltar ao muito tempo até
a cidade voltar
[...]
não sou dessas que
falam facilmente adeus
adeus luca argel
adeus geringonça
adeus discussões cromáticas das linhas de ônibus
adeus rua da carioca
adeus guitarra de prata
adeus morro da conceição
adeus pântanos e charcos
pântanos e charcos
pântanos e charcos adeus

Fui embora, vim. Talvez volte: foi quando eu me toquei ainda vai levar muito tempo. Quão provisório é um tchau? Vai saber se vou acabar como o Luis Martins, tendo escrito um romance com nome de bairro carioca (vizinhos, inclusive: *Lapa* e *Glória*) para ter vindo morrer em São Paulo, com dupla cidadania. Morreu na estrada para o Rio, aliás.

4. O êxodo econômico se junta ao exílio simbólico. A nossa dieta de símbolos foi radicalmente alterada, mas este novo mal-

-estar da civilização carioca é difícil de precisar. É enjoo político, mas quando é que a política (a politicona dos politicães, quero dizer) não foi intragável? É a carolice, a tradição-família--propriedade que fermenta nos nossos fígados, a burrice bronca, o fundamentalismo, o te-amor à autoridade... e é outra coisa completamente diferente. É que a polícia violou diversas vezes, e bombástica como de costume, a praça São Salvador e a praça São Salvador apedrejou uns ônibus do Choque de Ordem? É que somos bichos facilmente agitáveis? Redundaremos sempre e sem remédio na nossa dura biologia? É que esquecemos quem foi Prata Preta? É que logo vamos esquecer o Amarildo e lembrar para sempre da queda do Batista? É que compraram e mandaram demolir a casa onde nasceu a umbanda? É que Madame Satã se semi-hollywoodizou? É que o Rio, enfim, está se zé-carioquizando em vez de se zé-pelintrar? Como precisamos de um poeta que cante a batalha velha entre estes dois zés, o Zé Carioca e o Zé Pelintra...

Foi um roubo de identidade, falsidade ideológica? Sequestraram o Rio de Janeiro e o substituíram por outra cidade idêntica, mas toda feita de isopor, adocicada e por isso mesmo sem gosto? Sei não.

Busco na bíblia do meu povo uma resposta qualquer (bíblia carioca é a *Rio de Janeiro em prosa e verso*, antologia organizada pelo Bandeira e pelo Drummond para comemorar os quatrocentos anos da cidade), mas resposta não há.

5. No fundo, ir embora do Rio é igual a qualquer outro ir embora. Ouço uma canção da Onda Vaga que costumava ouvir no caminho para a Ilha do Fundão (*durmiendo tan poco, nada es suficiente que las cosas están cada vez más caras sólo eso te quería decir...*) e certo acorde me põe na cabeça uma esquina do Catumbi, um ô-ô-ô me lembra aquela igreja de pedra cinza (tão gótica no calor infernal...), o suor e os alunos da UFRJ sacolejan-

do no ônibus. Dá vontade de chorar. Igual!, tão igual é a nossa experiência. E tantas, as nossas diferenças.

6. Uma foto, tirada pelo escritor e companheiro de revista Bolívar Torres, nunca mais me sairá da memória. É por meio dela que vou tentando entender por que abandonei Sebastianópolis tão de impulso e por que guardo tanta decepção do que deixei por lá. É Carnaval no Rio, 2014. Eu não vivia mais na cidade (eu, que duvidava da existência de outras terras e gentes quando era Carnaval, passei o de 2014 em casa, com a minha recém-adquirida frieza de paulista, como no poema do Mário). Na foto, Marilyn Monroe, debruçada na grade, observa os escombros do elevado da Perimetral, demolido para arejar a zona do porto. Cena de filme de pós-fim de mundo. Uma capitã de navio conversa com uma Charlie Chaplin. Uma diabinha também observa os pilares arruinados. Outras meninas, uma cogumelo do Super Mario. Gente. Gente diante do colosso em ruína. A Perimetral era um trambolho, serviu mesmo para ser demolida, para que o Bolívar tirasse essa foto, para que ela acabasse por se tornar símbolo do meu Rio de Janeiro. Concreto morto maquiado de alegria, enquanto a alegria — a verdadeira — olha meio espantada.

22 de maio de 2014

Os sapatos do meu pai

1. Eu tentava dar exemplos de baque poético a uma amiga que dizia não entender de poesia, mas queria. Antes, tinha tentado explicar que existem mil, cem mil formas de entender, nem todas totalmente compreensíveis. Tudo isso parecia estranho à minha amiga, acostumada com a razão que constrói pontes e bota aviões no ar, segundo a qual a cor azul só pode ser azul e um sapato só pode ser um sapato. Essa é só uma delas, eu disse, existem outras razões, outras formas de pensar e de ativar os sentidos. Mas um sapato não é um sapato? Respondi: sim e não. Ela fez que ia desistir. Então, recorri a uns versos de Robert Bringhurst, que conheci na tradução espanhola de Marta del Pozo e Aníbal Cristobo (retraduzo aqui. É de um longo poema intitulado "Deuteronômio"):

[...] As vozes
vieram a mim e me pediram para tirar os sapatos,
e assim o fiz. Esse deserto está cheio de sapatos de homem.
E a chama gritou Sou o que sou.

Um deserto cheio de sapatos de homem. Uma das imagens mais bonitas que há neste mundo, a ausência do homem na grande ausência que é um deserto.

2. Vai fazer uma década que meu pai morreu. Eu ainda uso as roupas que herdei dele: camisas, calças, ternos, de vez em quando gravata. Um par de sapatos pretos, sóbrios, que ele usava para trabalhar e eu, quando tinha que ir a um casamento ou enterro. Agora trabalho cada vez mais de sapatos. Passei a usar cada vez mais os sapatos do meu pai. Como duravam, as coisas de recém-antigamente.

Só agora o couro começou a afrouxar, as solas descolaram, dez anos depois da morte de seu dono original, a milhares de quilômetros de onde está enterrado. Aqui em São Paulo desértica, cheia de sapatos sem homens dentro.

Como duravam, as coisas.

10 de junho de 2014

Brasileiro, anti-irônico

1. Numa terra contraditória vive um povo sem ironia. Alegre para uns, triste para outros (triste daquela tristeza/ dos desertos, das matas e do oceano como em Bilac e em Paulo Prado), o brasileiro é, contudo, unanimemente pouco irônico. A ironia não é um dos nossos traços nacionais, como acontece com os britânicos, os alemães do pré-guerra e uma parcela da literatura norte--americana. E pensar que do meio de nós saiu um dos maiores ironistas da espécie, Machado de Assis, que sabia como ser tristemente alegre/ alegremente triste (a pena da galhofa com a tinta da melancolia etc.), dissolvendo as polarizações inventadas pela gente séria, anti-irônica, intratável.

Nós confundimos ironia com comicidade, com sarcasmo, com cinismo, com apatia ou até mesmo com o gesto universal da nossa época: ¯_(ツ)_/¯. A ironia não é uma atitude cool, um sorriso blasé, um bigode antiquado, um garoto rico dirigindo um Passat 81 porque carro velho tem mais aura. Não é um mendigo dormindo ao pé de um cartaz da Coca-Cola. Ou não é somente isso.

Nem é só um truque retórico, isto é, dizer algo querendo dizer outra coisa (como Cícero a descreveu) ou, mais grosseiramente, dizer uma coisa e querer dizer o seu oposto (segundo Quintiliano e a esmagadora maioria dos comediantes brasileiros). É também, e simplesmente, ter nascido. Isso os românticos alemães perceberam bem: a gente nasce com um tempo curtíssimo para tentar compreender um universo que tem tempo de sobra. Ao mesmo tempo, porém, somos parte desse universo. Somos finitos no infinito e temos o infinito inscrito na nossa carne perecível. Mortais e imortais, simultaneamente. Isso é profundamente irônico, e, como se pode perceber, não muito hilariante.

No final das contas, a ironia é o acolhimento do sim e do não num mesmo ser. Kierkegaard, que a definiu como negatividade infinita e absoluta, estava errado. O irônico entende o sim que mora dentro do não e o não que mora no sim.

A partir do momento em que escolhemos um dos lados de um argumento, passamos a ser íntegros, francos, radicais, qualquer coisa, menos irônicos. A ironia está comprometida com todos os lados e com nenhum. Por isso, antes de se decidir (em qualquer assunto), é preciso morar um pouco na ironia.

2. Um conselho do F. Scott Fitzgerald (em *The Crack-Up*, 1936, numa tradução corrida): a prova de uma inteligência de primeira ordem é a capacidade de sustentar duas ideias opostas ao mesmo tempo e ainda conseguir funcionar. Por exemplo, o sujeito deve ser capaz de entender que tudo está perdido e ainda assim estar determinado a mudar o estado de coisas (*"the test of a first-rate intelligence is the ability to hold two opposed ideas in the mind at the same time, and still retain the ability to function. One should, for example, be able to see that things are hopeless and yet be determined to make them otherwise"*).

O inteligente de Fitzgerald é o nosso irônico.

Uma descrição do F. Nietzsche: O servidor de Dionísio precisa estar embriagado e ao mesmo tempo ficar à espreita atrás de si, como observador. O caráter artístico dionisíaco não se mostra na alternância de lucidez e embriaguez, mas sim em sua conjugação. Dionísio é o deus da ironia.

3. Toda forma de autoritarismo é impotente diante da ironia, porque ela não permite que nada muito pesado se solidifique, nenhum palácio de governo, nenhum fórum municipal (talvez uma cabana ou uma casinha de santo...). Não há nada menos irônico do que um ditador.

Nada menos irônico que a falsa escolha inscrita no Brasil, ame-o ou deixe-o dos nossos generais, que se resume a um só imperativo: obedeça ao verbo, a qualquer um dos dois, não importa qual.

Nada menos irônico do que dizer (de coração!) que o brasileiro é um povo pacífico, que somos uma democracia racial, que aqui todos nascemos em pé de igualdade, toda a blaboseira de uma nota só (e de um lado só) que monopoliza (e monotemiza) nosso pensamento e nosso discurso. Quando é de coração — e acredito que na maior parte das vezes o seja —, não se trata de má-fé ou hipocrisia: é falta de ironia. Somos exemplarmente anti-irônicos.

Por isso ainda não compreendemos bem como está tendo Copa do Mundo mesmo sem ter — ou que não está tendo, mesmo tendo, dependendo da posição do leitor no espectro político. Não é só que não houve aquela Copa dos sonhos de muita gente, aquela cereja catártica no bolo nacional. É outra coisa. Este primeiro gol da Croácia, por exemplo, aconteceu não acontecendo, foi contra e a favor. Vê o Neymar batendo o pênalti? Ele nunca existiu. Nem o pênalti.

13 de junho de 2014

O fim do mundo foi meio sem graça

O mundo está acabando. Não há ninguém que não saiba disso. Os dez anos mais quentes da história aconteceram nos últimos doze. Calotas polares, geleiras, neves que costumavam ser eternas, tudo está derretendo. Nível, temperatura e acidez do mar em elevação. Desastres naturais cada vez mais sobrenaturais. Mundo, nosso mundo, próxima estação: cucuia.

E nem o reino dos invisíveis está a salvo. Li há uns dias que o aquecimento global está matando o deus dos esquimós, que era quem lhes proporcionava uma boa pesca de salmão-rei. O salmão-rei está em extinção.

O mundo vai acabar, com mais certeza do que tinham os paranoicos do apocalipse nuclear. E, ao que tudo indica, a hecatombe civilizacional será recebida com um sonoro ‾_(ツ)_/‾.

Engano meu ou nós deveríamos dar um pouquinho mais de atenção ao caso? Os filmes de fim de mundo nos dessensibilizaram para o fim de mundo de verdade? O pornô-destruição de Hollywood nos fez desejar o cataclismo? Esse não deveria ser o primeiro assunto nas eleições, coroações e deposições? Não deveria fazer parte de toda notícia? A catástrofe climática é inevitável agora, mas Dilma é vaiada na abertura do Mundial, o apocalipse da civilização não vai demorar, mas Flamengo derrota o Palmeiras e avança na Copa do Brasil, o mundo está acabando, mas tire aqui as suas dúvidas sobre o imposto de renda.

Ou talvez o mundo já tenha acabado, talvez esteja acabando agora, como naquela canção de Czesław Miłosz:

E quem esperava raios e trovões
será frustrado.
E quem esperava sinais e trombetas de arcanjos
não acreditará que o fim já chegou.
Contanto que o sol e a lua estejam no céu,
contanto que a abelha visite a rosa,
contanto que nasçam rosados bebês
ninguém acreditará que está acontecendo agora.

Czesław Miłosz, que foi catastrofista (como alguns somos modernistas, pós-modernistas, tardossurrealistas...), disse bem, numa entrevista para a revista *Týden*, em 2004: "O catastrofismo era brincadeira de criança se comparado à aporia de hoje". O contemporâneo é um beco sem saída, mas Miłosz enxergava saída na poesia. Isso foi há dez anos. Que estamos rumando para a calamidade inevitável, já sabemos. Que é tarde demais, também. Mas é possível que o mundo já tenha acabado e nós nem percebemos.

Pobre Miłosz. Pobre de nós, que não tivemos um movimento neocatastrofista. Talvez nos servisse minimamente de consolo.

Onde estavam os poetas (os escritores, escultores, músicos, cineastas, os artistas de verdade — é isso que quero dizer com poetas) enquanto os cientistas soltavam aqueles mil, dez mil relatórios proféticos? Poderiam ter nos salvado. Alguém precisava nos explicar que não bastava reciclar garrafas de plástico. Fazer a nossa parte não bastava. O mundo, como um poema, é mais do que a mera soma de suas partes. Pois nos enganaram, nos fizeram comprar sacolas retornáveis e bicicletas dobráveis enquanto tudo seguia igual. Só os poetas saberiam nos enganar direito.

Como precisávamos de uns árcades que nos ensinassem de novo o amor à vida e à carne que somos! De uns vanguardas para espantar a cafonice — nunca uma geração tão ameaçada foi tão careta, tão míope, tão carteira da frente (como disse Fabiano Calixto). De uns barrocos de soluções extravagantes. De uns românticos que nos levassem a agir, a não mais confundir ecologia com jardinagem (como dizia Roberto Piva), a repensar as cidades (imagens da sarna, como disse Ricardo Domeneck) e a reinventar os homens.

Hm. O fim do mundo foi meio sem graça.

25 de junho de 2014

Para uma arte no fim do mundo

Então, arte. Aquela coisa esquecida atrás da TV, perto da espada-de-são-jorge (contra o mau-olhado), embaixo da samambaia. Aquilo que o mendigo da sua rua faz quando não está conversando com os presidenciáveis.

Os anos felizes acabaram. Os anos tristes acabaram. Somos a última geração que aproveitará os mimos do mundo moderno. Nossos filhos não herdarão a chuva ácida, a Black Friday, o cartão de ponto nem a bicicleta elétrica.

Só o fim nos une. Foi sempre contra o fim que cantamos, escrevemos, pintamos? Foi sempre contra a morte que erguemos arranha-céus e inventamos o trem. Contra o apocalipse, nossas ilhas utópicas. Contra a morte, nossas árvores genealógicas. Mas as árvores estão com os dias cortados e as ilhas, caras. Acabou a ciranda das revoluções e contrarrevoluções. A morte do indivíduo acabou. Acabaremos juntos. Agora todos sabem como se sentia Augusto dos Anjos.

O tempo já não é uma linha reta. A história deixou de ter futuro linear. Adeus, seta envenenada do Progresso: tiro n'água. Este é tempo líquido, tempo enchente, tempo tudo.

A vanguarda, nossa velha amiga, acabou. É hora de tirar (respeitosamente, funeralmente) nossos quepes de vãguardinhas, estão abafando nossas cabeças. Só os míopes tentam assumir a dianteira de um tempo que não tem frente. Tempo enchente, tempo tudo.

Se nada é novo debaixo do sol, inventar um sol novo de novo. Contra o fim do tempo, aprender a maleabilidade do tempo de A *montanha mágica* de Mann, monta magi mann, mo má mann, MOMAMÃ.

Todas as poéticas são possíveis. Não haverá mais nada de novo debaixo do sol, tudo está disponível. Dos desenhos nas cavernas ao *gif*, não há interdições.

Salvar tudo, lembrar tudo o que fizemos, a arte no fim do mundo é o domínio público. Amar as digitais engorduradas que deixamos nos objetos, todos os fonemas, todos os ritmos (sobretudo os inumeráveis!). Amar: renovar significado. É uma tarefa impossível, falta tempo para tanto: aí reside a nossa tragédia. (E nem isto é novidade.) Tudo o que foi nosso nos interessa. Os acumuladores, Bispo do Rosário, Horst Ademeit, o espólio perdido de Vivian Maier, os arquivistas, os catadores de papéis, os museólogos, os ratos de sebos, os colecionadores de areia.

Abertos à pluralidade das poéticas, sim, mas obrigados a inventar a pluralidade dos modos de vida. *No more hippie business*: sobrevivência. Momamã, Pachamama. Contra a estagnação de/

numa só linguagem. Contra a colonização da língua pelo musgo. Contra a hora marcada para trazer seu amor em três dias. Contra o varejão das almas, do coração e da cabeça. Contra o moinho de gastar gente. Contra a ironia penteadinha, pela flor multipétala do Não que é Sim. Contra toda paródia que se contenta em reciclar o que devia ser revivido. Contra o pop paralítico, pelo popapocalíptico. Contra o catastrofismo molenga, contra o protagonismo burocrático, contra o derrotismo do derrotado. Momamã, Pachamama se pergunta e se nenhum homem fosse mesmo uma ilha?

Momamã, Pachamama. Pelos escritores que não se aguentam no papel. Pelos performadores que não se aguentam no grito. Pelos dionisíacos que não se aguentam no clichê. Pelo et cetera que não se aguenta e vai.

Alegria, gente. Coragem. Já está acabando.

8 de julho de 2014

P.S.:
No dia 25 de fevereiro de 2015, o vídeo-manifesto "Para uma arte no fim do mundo" foi apresentado em Boston, como parte de um evento dedicado à revista *Pessoa*. O vídeo foi inspirado nesta crônica e em uma outra que publiquei na revista: "O fim do mundo foi meio sem graça", manifestos à moda do começo do século xx — somente metade a sério, portanto. O texto do manifesto foi atualizado: o fim do mundo também avança. Espero que o sol Momamã, poema visual inspirado em *A montanha mágica*, apareça em breve nos muros das grandes metrópoles.

8 de julho de 2015

O paulistano não existe

1. Na noite de 31 de dezembro do ano passado, eu já estava instalado em São Paulo, e olhava o horizonte predial da Pauliceia. Ao longe, uns fogos de artifício saudavam este 2014, ano do Tatu-Bola, que vinha tomar o lugar do ano da Revolta. Eu, sentado na varanda, os pés apoiados na máquina de lavar e o cotovelo no tanque, olhava. Luzinhas: janelas: um oceano de janelas com 11 milhões de gente dentro.

Qualquer renovação drástica dos modos de vida só poderá vir desta cidade. É gente, gente demais. Foi isso o que eu pensei na hora. E não virá pela raiva, pelo voto nem pela vidraça quebrada. Virá pela fadiga.

Ao contrário do que dizem, São Paulo é amável. A raiva daqui está enterrada muito abaixo das camadas de terra que sustentam a flor da pele. Eu, vindo de uma cidade florestal, sou escolado em incêndios. No Rio, qualquer faísca lambe tudo, depois nasce o amor de novo e lá vem outra paixão para reduzi-lo a cinzas, é fogo. O metabolismo do Rio de Janeiro é veloz; em São Paulo, tudo é contemplativo, civilizado, adiposo.

O atrito é lento, mas contínuo. Dá a impressão de que a qualquer momento a coisa toda pode desmoronar como um castelo de areia seca.

2. Na tarde seguinte, 1º de janeiro, Dia da Fraternidade Universal, fui dar uma volta. Queria conhecer um pouco mais da cidade. Descobri que já tenho uma estátua favorita de todas, o fauno de Brecheret no parque Trianon, aquele diabão acocorado no bosque, com sua flauta e seu rosto virado para o lado contrário ao museu. Descobri também que não gosto do Carro do Progresso, o monumento do Nicola Rollo no topo do Palácio das Indústrias. Sou do time do Walter Benjamin, que viu na cara do anjo de Klee uma tempestade catastrófica, que assola a história: a ventania do Progresso (que bem podia, ao menos, derrubar o carro de Rollo lá do alto). Além do mais, não sou muito de monumentos (gosto mais de minimentos).

Vi espantado o acampamento de miseráveis que se formou num dos canteiros, centenas!, centenas de crianças, homens e mulheres — farrapos sonolentos, militarmente vagando. O que são?, perguntei à minha guia, que é de São Paulo. Ela não soube me responder direito: Devem ser mendigos.

É a cracolândia?

Tudo aqui é a cracolândia.

3. O Tietê corre em sentido contrário ao mar. Eu não sabia disso. Rio sarcástico, como na meditação do Mário de Andrade, que "te afastas do mar e te adentras na terra dos homens,/ onde me queres levar?".

É noite. E tudo é noite.

Diz a lenda que aqui vive um homem de quase trezentos anos de idade, tão velho assim porque seu coração bate somente uma vez por semana. Vive no último andar de um prédio todo espelhado, de muitos andares. Os helicópteros, como moscas varejeiras, zumbem ao redor.

4. E quanto ao paulistano? O paulistano não existe. Isso eu só sei agora. Durante meses, procurei por ele nos jornais, nas velhas chaminés desativadas (quantas!), na história de seu samba (no bonito *Batuqueiros da Pauliceia*, livro de Osvaldinho da Cuíca e André Domingues) e de seus imigrantes, no meio dos ciclistas que pedalam nus na av. Paulista... Não o achei. Existem paulistanos, e isso é tudo.

Que não me entendam mal. Existem cariocas também — muitos, aliás, e de variados tipos. Mas além disso tem o carioca. Não o estereótipo do habitante do Rio (o corpo bombado, a favela feliz, o malandro da Lapa etc. — porque também há estereótipos daqui), mas sim aquela figura mítica contra a qual todos que nos consideramos cariocas nos medimos, para o bem e para o mal. Aquela entidade eternamente debatida e recriada nas crônicas, nas canções, nas praias e praças, que qualquer um conhece e ninguém sabe definir. Todo mundo acaba se carioquizando no Rio de Janeiro, inclusive eu, que nasci lá mesmo; aqui, a cidade é que se transforma um pouquinho em cada um que vive nela. São Paulo é nós. O Rio são ele.

Na Pauliceia, a identidade é mais desvairada e democrática: aqui sou carioca, mas também sou alemão, latino-americano, península ibérico, judeu distante & errante... sou trezentos, 350! Até brasileiro eu acabei sendo em São Paulo. E sou obrigado a dizer: é um alívio medir-me só contra mim mesmo.

5. Em toda parte há gente, e muita. Gente vinda de toda parte. Esta é a nossa maldição e a nossa bênção. Digo, da espécie.

24 de julho de 2014

Os tristes

Há quanto tempo não ouvimos dizer que um tal sujeito é triste? Estar deprimido é a moda, mas ser triste ninguém mais é. Esquecemos que o antônimo da depressão não é felicidade, mas força de vontade. E toma-lhe remédio para apaziguar a apatia. Nesse processo de confusão conceitual, os tristes ficaram para titia, foram excluídos do catálogo dos homens. Pobres dos tristes, que nunca tiveram remédio.

O triste é um rapaz que sorri tendo vontade de chorar quando lê o jornal. E o jornal sempre péssimo, e o triste nunca aprende a parar de ler jornal. O triste torce pelo América ou pela Portuguesa ou pelo Vasco, e tem certo prazer em ver o time caindo pelas tabelas. E todo prazer é triste para o triste. O triste se apaixona por estranhos no ônibus, mas não tem coragem de falar nada, como teria coragem? O triste vai para o trabalho e passa o dia tectlecando na máquina de escrever, como na "Modinha" do Murilo Mendes. (O triste trabalha sempre em máquina de escrever — mesmo que seja analista de sistemas, astronauta, domador de leões ou prático de farmácia.) Tecteleca, mas sua cabeça não está nos documentos e nos carimbos à frente. O triste vive em um mundo só seu, sua cabeça é uma cidadela murada e escondida nos confins do mundo, casbá indevassável.

O triste gosta de crianças quando estão naquela fase em que tudo o que dizem é poesia. Depois, arrumam uma personalidade e acabou-se a graça, ficam engessados naquilo e nunca mais saem: viram seres humanos profissionais, com RG, certidões de imposto de renda e *casual fridays*. O triste tem pena dos seres humanos profissionais, porque perderam a capacidade de inventar mundos novos.

Nos finais de semana, o triste caminha de paletó (branco ou branco-surrado) no calçadão de Copacabana, entre sungas e mamilos e havaianas. Mas o uniforme oficial do triste é o pijama listrado (azul e branco). O triste até hoje pensa em Cartago, destruída sem dó pelos romanos. O triste sempre repara nas fotos da Ucrânia, sempre há campos de girassóis onde há aviões caídos e tanques de guerra. O triste sabe que a guerra e o desastre é que são pano de fundo para os girassóis, e não o contrário. E há tantos burricos brancos nas fotos de Gaza arruinada, uns cordeirinhos também... O triste acha bonita a nova moda dos homens barbudos: de repente deram de colocar flores nas barbas. Não passa de moda, o triste sabe disso, mas o que é que não passa? Tudo passa.

O triste é sempre um poeta em potencial. E, quando se faz cosmicamente, amazonicamente alegre como Whitman, como Campilho, aí é que é ótimo.

Viva o triste, abaixo a tristeza!

6 de agosto de 2014

O muro contra a morte

1. Dia desses o Fabiano Calixto lançou seu livro novo aqui em São Paulo. Chama-se *Nominata morfina*. A capa é a foto de um muro com o título estilosamente pichado (por um amigo dele, também poeta). O muro, segundo me contaram entre chopes e petiscos, é o do cemitério da Consolação.

Aí eu entendi tudo.

Assim que cheguei a São Paulo, descobri que todos os meus caminhos (de casa para o trabalho, da Paulista para casa etc.) são ladeados por cemitérios. Descobri também que aqui há o costume de escrever nos muros das necrópoles. Nos meus primeiros dias na cidade, vi escrito ao lado do portão de entrada de um dos cemitérios da av. dr. Arnaldo: EU VENCI A MORTE.

2. Quando eu vivia no Rio, só via a meganecrópole do Caju do alto da Perimetral, ao voltar da faculdade, e o São João Batista quando pegava o ônibus errado na saída da praia. Raramente lia algo em seus muros, nem mesmo os usuais nomes e símbolos hieroglíficos dos marcadores de território. Adoro a expressão latina gravada acima do portão do São João Batista, *Revertere ad*

locum tuum (Volta para o teu lugar), por mero instinto linguístico: o começo da frase tem o som terrível da pá cavando a terra, e o eco em *locum* e *tuum* sugere as coisas mais últimas deste mundo, tampa de caixão fechando. Gostava de olhar os muros nus e pensar na morte (é para isso que servem os cemitérios), uma contemplação de passagem, branca e caiada e calada. Nada comparado à babel dos cemitérios daqui.

3. Aquele garrafal "Eu venci a morte" (que, ironicamente, foi apagado dias depois) ficou comigo. Se de início achei o gesto (todo grafite é um gesto, e duchampiano) um tanto deselegante, hoje acho deselegante mas um tanto fascinante (sobretudo porque foi vencido, apagado). Por que a divulgação tão violenta desse desejo de transcendência? Afinal, quem venceu a morte? A pessoa que pichou o muro? Ou a pessoa que pichou o muro estava incorporando um personagem? Um morto pichou? Um doente terminal? Um ex-terminal? Deus pichou? Terá Deus, enfim, vencido a morte? Não. Ninguém vence a morte: a frase foi apagada pelos vivos. O vivo é o cadáver adiado que procria do poema do Pessoa (e talvez um pouco mais). A pichação da dr. Arnaldo, como a vida, é um beco sem saída.

Mas é daquele (talvez um pouco mais) que falam as pichações de cemitério, porque todas são sebastianistas, todas messiânicas. A vontade de não morrer não é propriamente o desejo de viver para sempre em carne e osso. Isso, podemos suspeitar, seria insuportável. É outra coisa. É o que pergunta uma pichação do cemitério São Paulo, na Cardeal Arcoverde: Morre quem não vive? É o que também dizem os cartazes colados naquele mesmo cemitério da dr. Arnaldo (é o Araçá?), perto das floriculturas: Dê flores aos vivos (que são bem-intencionados, mas também meio deselegantes). O cemitério não é dos mortos, as flores não são dos mortos, nem a morte é dos mortos. É tudo nosso. Diz o cemitério em Évora: "Nós ossos que aqui estamos pelos vossos esperamos". A frase também é nossa. E os ossos.

5. Há uma pichação no cemitério da Cardeal Arcoverde pela qual guardo muito espanto. É bruta e ruidosa, são dois versos, um grito: ACORDA MORTO! Gosto porque não tem vírgula, só ponto de exclamação (mas o gesto verdadeiro não precisa de ponto de exclamação...!). Leio esse mandamento todo dia de manhã: acordamorto, acordamorto, acordamôr; acorda, amor; acorda, morto; acorda morto. Gosto porque é um chamamento à ressurreição e gosto porque, sem a vírgula, parece estar falando não com os mortos, mas com os passantes, os que espiam rapidamente pela janela do ônibus a caminho do trabalho: Você acorda morto, Você está acordado, mas não está vivo. Gosto dessa involuntária maldição ao trabalho sem alegria, trampo de mundo caduco, serviço. Acorda, amor. Vence a morte.

25 de agosto de 2014

Marília

A primeira vez que li Marília, eu me perdi. Para mim, que mal sou poeta, até então a literatura estava dividida entre o pão e a âncora, como naquele famoso ensaio do Walter Benjamin. O marinheiro comerciante e o camponês sedentário eram os arquétipos do narrador: um viajava e voltava para contar coisas distantes, o outro mantinha as tradições da tribo, contando coisas que todo mundo sabia mas não lembrava bem. Aí vêm os poetas, distribuem pão aos quatro cantos do mundo e baixam âncora nas coisas que todo mundo sabe mas esquece de vez em quando. Os primeiros textos que li da Marília foram livros de viagem, de lugares que eu nunca tinha visto, mas parecia conhecer palmo a palmo. Foi numa dessas andanças que descobri que narrador bom mesmo tem que ser poeta, mesmo que não faça versos.

São viagens, ou mapas para viagens, os poemas da Marília. Os do Ricardo Domeneck, de um modo só dele, também o são. Por isso, não me admira que ambos — com a Angélica Freitas e, até recentemente, o Fabiano Calixto, que são mais do pão que da âncora (e vice-versa, sim) — sejam editores uma das mais abrangentes revistas de poesia da minha geração, a *Modo de Usar & Co.* Na *Modo*, está tudo o que eu venho tatibitatendo aqui: a diluição das fronteiras entre as artes, a poesia como fertilidade de pensamento, a prosa como poesia, o vídeo como poesia, a tradução como poesia. O etc. é grande, e é nosso.

O caso é que a Marília lançou livro novo, *Um teste de resistores* (7Letras), e eu tive o prazer de escrever a orelha. Seus poemas, para mim, são mapas que pensam e, sobretudo, desejam. Mapas férteis, como se feitos de terra.

Nós conversamos. É entrevista e é poema.

VICTOR HERINGER: Querida, que mudanças você percebe entre seu novo livro, *Um teste de resistores*, e os que você publicou antes? O que permaneceu?

MARÍLIA GARCIA:
querido
respondo suas perguntas num domingo de manhã   está
[nublado
e estou sentada numa cadeira com o computador no colo
no fone está tocando "this mess we're in"
música da pj harvey com o thom yorke
anoto o que tenho ao redor   antes de responder
anoto os detalhes
buscando estabelecer essa linha invisível até você
essa linha que sai dos meus dedos sobre o teclado
e aparece na tela enquanto digito
uma linha invisível que logo perceberei que está fora do
[meu controle
anoto esse passo a passo

porque acho que a primeira mudança de *um teste de*
                                   [*resistores*
é a de nomear os caminhos os diálogos   as   referências
e o processo
mesmo que seja uma falácia fazer isso
mesmo que depois de
nomear   as coisas acabem escapando
e deslizando
nos outros dois livros havia uma profusão
de
personagens   de pronomes   de cidades
as referências estavam ali também   mas eram mais
                                   [elípticas
estavam apagadas ou borradas
elas não me interessavam como referências por si sós
se eu incorporava algo pop
não queria que funcionasse como referente absolutamente
                                   [compartilhável
queria que se transformasse em algo estranho
que trouxesse contudo alguma familiaridade   mesmo
                         [que não muito identificada
os personagens e as micronarrativas dos livros também
                                   [passavam
por algo parecido   e eram entrecortados
os tempos e espaços estavam mais sobrepostos e misturados
ao fim não era possível saber se a svetlana que aparecia num
                                   [poema
era a mesma de outro
ou se o jacques roubaud nomeado   era realmente o poeta
                                   [francês
ou só alguém com o mesmo nome do poeta francês
uma cidade como barcelona   que aparece nos dois livros

aos poucos passava a ser não mais do que um resquício da
[cidade espanhola
ou resquício da representação dessa cidade
inicialmente os lugares eram reconhecíveis
mas logo se afundavam e metamorfoseavam pelos cortes no
[texto
e enganos produzidos
no livro novo
há também uma profusão mas de outra forma
ao nomear   e citar de modo explícito
ao mostrar excessivamente o passo a passo do livro novo
e dos outros livros
estou tentando dizer que mesmo nesse mundo com tudo
[etiquetado
em que se busca explicar as coisas
elas escapam
assim como o corte do verso que faz com que a gente fique
suspenso por uma
linha
mesmo com o google entranhado na nossa vida
não podemos entender nem explicar coisas simples
por exemplo ao descrever minuciosamente o caminho até
[o metrô
como se pudesse dar conta de tudo
percebo que não posso controlar o mundo
ao contrário
um avião pode cair e esse ser o último
dia
acho que esta é a primeira mudança
outra mudança deste *um teste de resistores*
parte de uma experiência que tive com os outros livros
em algumas reações de pessoas me dizendo que não tinham
[entendido nada do livro

exigindo do texto um tipo de "compreensão" muito linear
acho que ao escrever a gente tem uma expectativa como
[leitor também
ao produzir aqueles textos
estava buscando algo como leitora   como ouvinte   como
[expectadora
assim
nos dois primeiros livros
a sintaxe dos textos é simples   as palavras são as mais
[simples
mas existe neles um deslizamento de referência
às vezes acontece de estarmos numa situação aparentemente
[segura
e de uma hora para outra as coisas desmoronam
essa música que estou ouvindo enquanto escrevo
"this mess we're in"   da pj parvey com o thom yorke
começa assim:
"can you hear them/ the helicopters?"
é um caos   é uma confusão
a música diz que estão em nova iorque
tem dois personagens sentados em silêncio
e aqueles ruídos de hélices rodando ao redor
"você está ouvindo esses helicópteros?"   alguém pergunta
e essa música linda me faz pensar nessa exigência de
[compreensão
não imagino alguém exigindo da pj que explique
o que eles fazem em nova iorque ou quem são eles
trata-se apenas de uma cena construída
que já diz muito
duas pessoas sentadas em silêncio
ouvindo as hélices
muitas vezes essa exigência está na expectativa de quem lê
mas conto isso

porque acho que esse livro responde também
a essas falas variadas sobre meus textos que coincidem numa
[“não-compreensão”
elas me colocavam esta questão:
com quem você está falando?
era como se eu não estivesse falando com o leitor/ ouvinte/
[expectador
como se o livro fosse fechado e estivesse falando sozinho
de algum modo
respondo a isso no
livro e digo sim
estou falando com você leitor
como agora aqui enquanto respondo   estou tentando falar
[com você
estou tentando furar o texto   e falar algumas coisas
mas não de modo muito linear
pois tento descobrir que coisas são essas que estou querendo
[dizer
por outro lado   depois dos dois primeiros livros
dialoguei com algumas pessoas que ouviram os textos e
[falaram comigo
um teste de resistores também é uma resposta a essas pessoas
como a hilary kaplan   você   a célia pedrosa   o aníbal
[cristobo
pessoas que me disseram coisas sobre os livros
e com quem busco continuar a conversa
por fim
tento dizer que o poema é um objeto crítico
que traz em sua forma um determinado ponto de vista
ou determinada maneira de ler e entender as coisas
acho que um poema pode ser tão teórico quanto um ensaio
e neste livro novo

busco incorporar questões teóricas dentro do poema   para
                      [tentar falar disso para dizer que
no objeto poema
estou tentando pensar
mesmo quando não trato tematicamente de uma questão
                                              [teórica
e esteja falando de uma cidade chamada barcelona que é
                                           [barcelona
mas de repente não é mais barcelona
quero dizer que o poema traz questões e faz perguntas com
                                        [a linguagem
isso já estava nos outros livros
mas aqui descrevo os procedimentos
as etapas e formas de cada teste
é quase um diário de campo
onde busco organizar o passo a passo desses gestos
dentre essas questões teóricas abarcadas
falo sobre a tradução
nos outros livros a tradução estava presente
mas não tratava tematicamente do assunto
apenas a incorporava
aqui com uma brecha dando para o anticrítico
do augusto de campos
busco trazer o assunto pra mais perto e pensar dentro do
                                              [poema
em como a tradução pode ou
não   fazer parte e
atravessar os textos

VICTOR HERINGER: Você, assim como eu, se mudou para São
Paulo há pouco tempo, e a cidade se faz muito presente no seu

85

livro. Como vai a adaptação aos novos aires? São buenos, são malos? Daqui você consegue enxergar o Rio?

MARÍLIA GARCIA:
    os aires aqui são buenísimos
    são paulo é uma cidade acolhedora e delicada
    ao contrário da imagem que temos   ou ao menos da que
                           [eu tinha
    é uma cidade com muita gente de fora e bastante aberta
    com gente diferente e muito diálogo
    apesar disso
    toda mudança custa um pouco
    às vezes custa muito até
    quando cheguei aqui
    me sentia um pouco como um fantasma
    porque morava aqui   e gostava de estar aqui
    mas ficava comparando tudo com o rio
    e de certa forma ainda estava um pouco lá
    quando ia lá
    também me sentia como um fantasma
    porque não morava lá mas tinha a sensação de que lá estava
                           [o que chamamos de
    casa
    acho que a gente enxerga o rio do outro lado da dutra o
                           [tempo todo
    e não tem como ser diferente
    mas é preciso definir de que lado dessa linha invisível estamos
    para não ficar pairando de um lado pro outro
    como um fantasma
    parafraseando sua crônica sobre viver em são paulo
    é um alívio poder definir de que lado estamos
    ou quem somos
    sobre o livro

ele começou durante essa mudança para são paulo
agora que já faz um ano desde que cheguei
e percebo que levei um ano para chegar
o livro fala desse tempo
quando vim tinha um projeto de livro chamado hola, spleen
com os textos que venho publicando aqui e ali desde 2007
[(depois do *20 poemas*)
mas os poemas da mudança
(e não sobre a mudança)
acabaram se sobrepondo aos outros
e eles traziam um tom que já estava em alguns textos
acho que os testes de adaptação
ocuparam todos os espaços nesse último ano
e foram definindo a escrita do livro também

VICTOR HERINGER: Entre videopoemas, trailers, textos, performances, traduções, música etc., o seu trabalho é também o de borrar as fronteiras que separam as formas artísticas e os gêneros? Como você pensa esses atravessamentos?

MARÍLIA GARCIA:
antes de escrever e de estudar letras
fiz um curso no parque lage com a suzi coralli chamado ideia de pintura
comecei com dezesseis anos e fiquei lá quatro anos
[produzindo bastante
era um curso que abarcava muita coisa
pintura   desenho   escultura   livro-objeto   vídeo
com a condição de ser um objeto artístico e que eu pudesse
[justificá-lo
quando comecei a escrever
já estava um pouco impregnada por essa ideia

de que as formas se complementam e dialogam
de que cada objeto pode ter sua forma própria
hoje os outros suportes complementam o poema
e me ajudam a pensar nele
quanto aos gêneros
acho que ao ler me interessam esses textos híbridos também
como as galáxias do haroldo de campos por exemplo
diário narrativa poema ensaio tradução
tudo isso no mesmo texto
ele é e não é essas coisas ao mesmo tempo
acho que um texto que desconcerta a gente não precisa ter
[gênero
mas uma forma própria
assim como um objeto que nos desloca não precisa ter gênero
hoje vivemos num mundo cheio de atravessamentos como
[esses
cada vez mais as formas e gêneros estão cruzados   e
[misturados
tudo está ao alcance da mão na internet
um site pode ser um objeto assim
e vivemos esses atravessamentos sem nos darmos conta
as formas de compreensão do mundo se multiplicam e se
[complementam
e se transformam durante esses movimentos
apesar disso acho que a gente fica restrito numa área só
sinto falta de conversar e conviver com gente de outras áreas
com versões diferentes das coisas
acho que busco esses outros suportes
para alargar o poema
e fazer com que ele se transforme numa linha invisível até o
outro

10 de setembro de 2014

Eu sou uma igrejinha, Silas

1. eu sou uma igrejinha (não sou grande catedral) — esse é o primeiro verso de um poema do e. e. cummings, o momento em que o poeta americano chegou mais perto de ser Manuel Bandeira, nosso maior poeta menor. Carrego esse verso comigo feito um salmo, porque me inspira todo um modo de escrever e existir: humildemente, precariamente, mas sem ser besta.

É um verso que sempre me vem à memória quando vejo o Silas Malafaia.

2. Passei muitas madrugadas assistindo aos programas neopentecostais da TV aberta. Na época, eu estava escrevendo o *Glória*, e um de seus personagens principais é um pastor, Abel, estrela ascendente do business do Senhor. Um de seus modelos inconscientes (descobri depois) foi a Leniza de *A estrela sobe*, do Marques Rebelo, garota com sonhos catastróficos de ser diva do rádio. A história termina mal para ela, mas para ele a coisa toda era *too big to fail*.

A analogia não deve escapar a ninguém. Na superfície mesmo, a relação entre show business e espetáculo da fé é bem evidente. Há um motivo pelo qual, num país de suposta maioria católica, as missas transmitidas ao vivo não fazem nenhum sucesso com o telespectador, ao passo que os shows do Cristo atraem multidões. Um é como ver uma visita guiada ao Museu Imperial pela TV, com pantufas; o outro é Fogo Santo em HD, com explosões de fervor, promessas cornucópicas e narrativas complexas (a Bíblia, o homem comum, a saga da própria igreja saindo da obscuridade), tudo baseado em fatos reais. Eu gostava de assistir ao programa do Silas, porque nasci na era de ouro dos estímulos. E gostava de ouvi-lo falar para os fiéis.

Por isso não me espantei com o inchaço monumental dos neopentecostais, a ponto de influenciarem a sério o debate político no país. Muito menos com a ascensão do Silas. Estava profetizado que, das hostes do povo do Senhor, sairia alguém como o pastor Malafaia, mestre de oratória, treinado nas artes liberais (é psicólogo, segundo afirma) e sem nenhum medo do demônio (ele quase não fala em Satanás). Sua figura reúne todos os pré-requisitos para a afirmação no mainstream da sociedade brasileira. Não é o R. R. Soares, quase nunca visto sem um boleto bancário nas mãos, nem o pastiche Edir Macedo, que deu para aparecer fantasiado de Velho Testamento. Muito menos é um desses que vende óleos milagrosos de Israel, cura paralíticos, chuta estátuas de santos ou diz que Exu é o capeta. O Silas é um pastor que, à primeira vista, não desperta os costumeiros preconceitos sofridos pelos evangélicos.

Porque existe, sim, preconceito contra evangélicos, que pode ser resumido numa fórmula bastante simplória: quanto mais medo tem do Satanás, mais pobre é o sujeito. Crente virou palavra do campo semântico da pobreza (até hoje se fala em cabelo de crente, roupa de crente, barulheira de crente). Não admira que há alguns anos, nas primeiras neo-ondas evangélicas, algumas igrejas cool tenham surgido, como a Bola de Neve Church, cuja imagem era associada ao skate e ao surfe. Os seus lemas, como os nomes de condomínio da Barra da Tijuca, eram todos em inglês, e os adesivos estilosos podiam ser vistos em carros de luxo. Sinais da vontade de se dissociar da plebe: Jesus, *nouveau Christ*, também fazia o *hang loose*.

Daí a esperteza de Malafaia em inverter os polos quando é chamado de homofóbico. Ele sabe que a sua igreja costumava levar pedradas até pelo menos os anos 1990, sabe que o brasileiro costuma se indignar com preconceito respondendo com outros preconceitos. Assim, preconceituosos são os gays, que não o deixam ser evangélico em paz. De repente, o que era direito civil se torna agenda gay. E, a cada insulto e a cada piadinha (Dê uma bala a um crente. Quando ele estiver chupando, diga que é de Cosme e Damião!), a tese do Silas ganha mais aparência de verdade.

É um discurso democrático — todos devem ter espaços iguais —, bonito e muito certo, até que reparamos no tamanho dos que discursam. As cadeiras são do mesmo tamanho, mas Golias se senta na janela, deixando só a beirada para Davizinho. Golias jura que Davizinho tem o seu mesmo porte físico, mas, no solavanco dos trancos e barrancos do Brasil, não é difícil adivinhar quem vai ao chão.

3. Um parêntese. Sou bastante garoto, mas velho o bastante para já ter visto inúmeras reportagens sobre um dos nossos mitos mais persistentes: o jovem miserável que tinha tudo contra si, mas passou no vestibular de medicina/ abriu o próprio negócio/ foi estudar nos Estados Unidos. É claro que são histórias bonitas; fazem cócegas na nossa velha tendência a admirar anedotas de

superação, de conquista diante de adversidades tremendas. Basta pensar em Davi e Golias, já que falei deles acima.

Não precisamos desdenhar do indivíduo nem de seus méritos para reconhecer que as adversidades não são as mesmas para todo mundo, nem em graus similares. Até os comentaristas de portal de notícias já entenderam que o importante é que todos os indivíduos sejam tratados de forma equânime. Talvez falte compreender que uma pessoa é uma pessoa em algum lugar, São Paulo (SP) ou Marajá do Sena (MA), com alguns espaços e obstáculos pré-fabricados para ela antes mesmo de aprender a andar. Talvez seja só um problema de saber colocar o problema: nascemos todos equivalentes, não nascemos todos igualmente. Talvez, então, essas reportagens passem a ser vistas como bonitas, mas tristes (não mais como bonitas e exemplares). Talvez comecemos a ter vergonha do nosso orgulho hétero, do querem direitos iguais, vai prestar serviço militar, do não fui eu que escravizei.

Mas, como disse, sou garoto, ingênuo ainda.

4. Ao contrário do que se diz por aí, os neopentecostais estão longe do fundamentalismo. Não só porque parece extremamente improvável que peguem em armas para estabelecer uma teocracia (ou que manipulem os governantes para dar verniz democrático a um califado evangélico), mas porque sua própria existência depende de um sistema aberto, de preferência nos moldes norte-americanos.

O evangelho do Silas é de prosperidade, da semente que se planta para colher a bênção mais adiante, e é por isso que ele quase não fala do capeta. Aliás, ele fala muito de alegria, tal qual seu gêmeo gringo, Oral Roberts. Sorri muito e faz piada, inclusive com os pastores mais pitorescos. Afinal, não precisa amedrontar seu rebanho; promete abundância, e o seu próprio sucesso (confundido com o da comunidade cristã como um todo) serve de prova: Trazei todos os dízimos à casa do tesouro, para que haja mantimento na minha casa, e depois fazei prova de mim nisto, diz o Senhor dos Exércitos, se eu não vos abrir as janelas do céu, e não derramar sobre vós uma bênção tal até que não haja lugar suficiente para a recolherdes. (Malaquias 3,10.)

Vem daí uma das atrações principais dos cultos evangélicos, os testemunhos de vitória, nos quais a pobreza se torna riqueza; a promiscuidade, casamento; a doença, saúde; o desvio, norma. São comprovantes de que Deus é bom pagador.

Quando falam de libertação, de vidas desesperançadas que foram acolhidas em uma comunidade estruturada, esses depoimentos são enternecedores, mesmo para alguém que não partilha das mesmas crenças. A dimensão humana, miúda, do encontro com Jesus é bonita. Que os consoláveis sejam consolados.

Transplantados para a tela da TV e massificados, porém, os testemunhos se tornam como esquetes de *reality shows*: satisfazem tanto a sede de realidade do espectador quanto sua vontade de escapismo — um escapismo paradoxal em direção à normalidade, ao passo que os poucos momentos de testemunho do fiel triunfante de certa maneira o distinguem perante os demais. São seus três minutos de fama, dedicados a algo maior do que ele. Nada muito diferente da estrutura dos *reality shows* profanos, nos quais o foco parece estar no indivíduo (e seu desejo de sobressair-se), mas em realidade dependem da relação entre as pressões e laços da vida em comunidade (a Casa) e uma entidade mítica, externa e desconhecida, cuja simpatia o indivíduo deve conquistar (o Público). Sair da Casa é uma espécie de morte (reparem: os medidores de batimentos cardíacos, como numa UTI, a visão longínqua dos familiares à espera...), um despertar para uma segunda vida gloriosa (de fama e riqueza, supõe-se) no paraíso do mundo real.

Enquanto se está dentro da Casa, no entanto, a ideia é se destacar dos demais, mas não muito. É o espetáculo da norma.

5. Há um vídeo circulando nas redes sociais no qual uma moça evangélica, em pleno fervor oratório, diz que os neopentecostais finalmente adentrarão o reino de Satanás, isto é, a política. Quem passa o vídeo adiante em geral o faz com uma piscadela de olho, desesperado: Viram? Eles estavam conspirando o tempo inteiro e a gente, bobo, não viu. É preciso se desvencilhar do desprezo preemptivo para entender que entrar na política é coisa muito normal e que, afinal de contas, quase todo mundo neste país acha mesmo que a política é o antro do Pé de Gancho.

Ou seja, não tem Talibã, não tem tomada de poder executivo. Tem conta-corrente e marketing. Tem disputa por espaços mentais, físicos e financeiros, por cadeiras no Congresso. E muita música de louvor.

6. Em *Austerlitz*, de W. G. Sebald, há uma passagem similar à igrejinha de cummings: os edifícios domésticos aquém das dimensões normais — a cabana nos campos, a ermida, o casebre do guarda da eclusa, o pavilhão do belvedere, a casinha de crianças no jardim — são aqueles que nos acenam ao menos com um vislumbre de paz, ao passo que ninguém em sã consciência diria que lhe agrada um edifício enorme como o Palácio da Justiça de Bruxelas, sobre a antiga colina do patíbulo. No máximo a pessoa o admira, e essa admiração já é um prenúncio de terror. Quando inauguraram o Templo de Salomão aqui em São Paulo, mesmo sem vê-lo de perto, pressenti sua sombra perturbadora. É que sou miúdo, tendo a desconfiar de enormidades.

As igrejas gigantes estão por toda parte, inclusive em cidades desproporcionalmente pequenas. Os templos menores, que se multiplicam como lanchonetes de fast food, são seus afluentes, os nós de uma rede monumental, impossível de ser ignorada. É a verdadeira bola de neve: a palavra que passa a se multiplicar sozinha porque está em todos os letreiros de todas as esquinas. Quanto mais falamos dela (não importa se bem ou mal), mais ela cresce. E a sua missão é mesmo inchar e arrebanhar, absorvendo corações em massa. Uma genialidade da qual hoje nem os poetas, nem o papa são capazes.

O megatemplo e o megashopping são parecidos, não só pela arquitetura babilônica. Em sua essência, está a linguagem imperativa do varejo: a oferta imperdível, a vitória total à prestação, a promessa a preço baixo etc. No fundo do fundo, estão a crença no trabalho dignificador, o crédito com lastro incerto e a fé cega no progresso material, facilmente identificado com o progresso geral da humanidade. São empreendimentos extrovertidos, antimonásticos, expansionistas e até certo ponto maleáveis, pois a sua lógica é a inclusão (os métodos, porém, são variados).

Parafraseando a velha máxima de um velho alemão: a ética neopentecostal talvez seja o espírito do capitalismo tardio.

No entanto, não há por que se negar a religiosidade de nenhuma dessas experiências. O sagrado é onipresente, é uma potência escondida em tudo que nos parece extraordinário, mas também nas tarefas repetitivas (comprar, rezar, comer, falar, dormir, pensar, dançar). O sagrado é um leve curto-circuito na realidade; distorce a trama do espaço e do tempo e nos dá a impressão de transcendência. E, curiosamente, presenciá-lo independe da existência de Deus.

Mas o caso aqui é outro, como bem sabemos.

7. Peça breve em um ato:

CIDADÃO 1: Sabe qual é o grande problema?

CIDADÃO 2: Sabe você qual é o grande problema?

(*Cai o pano.*)

20 de setembro de 2014

Sebos

1. Em Nova Friburgo, uma das cidadezinhas onde cresci, havia dois sebos: um fechou quando eu ainda morava lá, não sei o que é atualmente (acho que nada); o outro virou igreja evangélica e, depois, evoluiu para loja de lingerie (Friburgo é a capital nacional da moda íntima). Hoje, pelo que me contam, só existe uma livraria na cidade. Fica num shopping. A cidade tem dois shoppings.

Eu gostava mais do sebo que desapareceu. Ficava em uma galeria, perto da praça Getúlio Vargas e da sorveteria Fribourg, ali na esquina com a boêmia rua Portugal. A dona era uma senhora de meia-idade que parecia a Maria Bethânia, se ela fosse irmã do Gil, não do Caetano. Foi a primeira livraria que eu realmente frequentei, meio às escondidas dos coleguinhas de escola, que gostavam mesmo era de futebol e video game de futebol. Uma vez, puxei da estante um livro todo carcomido (que me chamou atenção justamente pela carcomidez) e perguntei à dona quanto custava. Ela olhou e simplesmente me deu o exemplar! De graça, assim, sem mais nem menos. Era uma antologia do Mário de Sá-Carneiro que se desmanchou há alguns anos, mas com a qual fiz um dos meus primeiros vídeos (o Carneiro).

Quando o outro abriu (o que virou igreja/ loja de lingerie), eu já era mais velho. Lá, comprei meu primeiro livro de autor japonês — *Depois do banquete*, do Yukio Mishima, que depois me apresentou ao Yasunari Kawabata, inaugurando o meu verdadeiro amor de juventude —, por cinco pratas. Ali, passei alguns meses namorando uma coleção completa da *Revista Espírita* que eu achava ser muito rara e erudita, porque a edição era do tempo do Kardec (não era) e custava cem reais. Ali descobri que sou alérgico a poeira e que a maioria dos leitores parece estar em busca de respostas e conforto, justamente o contrário do que eu achava que um escritor devia oferecer.

Ainda assim, virei escritor, quando melhor seria ter virado confeiteiro, porque a confeitaria é a mais imortal das artes — e a sua musa é Estômaca, a dadivosa, cuja imagem só poderia ser pintada por Fernando Botero. Não. Mal sei fazer bolo. Tenho quase nenhum conforto a oferecer.

Quando voltei ao Rio de Janeiro, fui morar no Catete. Parei quase totalmente de comprar em livrarias grandes, por pobreza (guardava o dinheiro para os livros que os amigos lançavam) e porque na rua ao lado ficava o Beta de Aquarius, um sebo cheio de gatos (também sou alérgico) que, além das velharias, vendia os encalhes das editoras (os *Cantos* de Pound, *O homem sem qualidades, Roland Barthes por Roland Barthes*, aquelas primeiras edições feinhas do Pynchon, as obras completas de Severo Sarduy, tudo por dez reais o exemplar). Quase não frequentava os famosos sebos do Centro. Sou tão preguiçoso que não chego nem a ser um homem da minha aldeia. Sou um homem do meu quarteirão.

Agora vivo em São Paulo e o Sebo do Messias é muito longe. Mas já descobri o Sagarana, que fica na Fradique Coutinho, bem perto. O dono é descendente de japoneses e canta como os japoneses dos filmes do século passado, grave e modulado. Seu nome é Roberto ou Rogério — ou Marcelo, não sei. Mas Sagarana, de palavra-sertão que era, acabou virando palavra japonesa aqui na Pauliceia. Virtude das cosmópoles: japonês com nome brasileiro e nome brasileiro com identidade japonesa. São Paulo babeliza tudo.

2. Dia desses, fui ao Sagarana e comprei um exemplar de *O mono gramático*, do Octavio Paz, por sete pratas. Dentro havia um papel velho escrito em chinês. Uma carta? Um poema? Não sabia; sou analfabeto em chinês. Postei a imagem no Facebook e um amigo de lá, o Martin Wille, comentou: "Perguntei pra minha esposa, chinesa de Beijing. A origem é Taiwan. Trata-se de uma lista de um concurso musical. Quem tirou o primeiro lugar, piano, o segundo, violino etc. Há um endereço de Taipei, escrito com caneta, e a referência a uma pessoa que ajudaria no concurso". Coisa assim só poderia acontecer num sebo — e em São Paulo. De vez em quando, penso nesse concurso de música. Na minha cabeça, os concorrentes são crianças. Nem contemplo a possibilidade de terem sido músicos adultos, ou de já serem adultos depois de tanto tempo (não sei a data da carta). Esse concurso está fora do tempo, é um evento eterno: uma saleta de concertos com crianças fazendo música por toda a eternidade. Ainda não decidi se essa é a imagem do inferno ou do paraíso.

Há também (e sempre) os tradicionais recortes de jornal, as fotos e os bilhetinhos esquecidos, como aquele que encontrei dentro de um exemplar da *Carta ao pai*, comprado no Rio: "Ô, moça! Você se mudou? O telefone não é o mesmo e eu de nada sabia. Esqueceu mesmo que existo? Deixe de ser tola e me dê a chave de volta. Saudades, Luiz". Os exemplos são infinitos, porque a distração do homem também é. O homem é um bicho que se esquece, que nem percebe. Já comprei livro com o autógrafo do Vivaldo Coaracy e do Wlademir Dias-Pino sem que nem eu, nem os vendedores nos déssemos conta do minimilagre. Mês passado, comprei um *Vida e morte do bandeirante*, do Alcântara Machado. Na primeira página, há um "π" e uma casinha desenhada ao lado. O livro pertencia a uma tal Pilar (pi lar, pois).

3. Prefiro os sebos às livrarias iluminadas, higienizadas, com cheiro de loja de computador. Também não sou muito de bibliotecas públicas, nas quais, mal ou bem, alguém pôs alguma ordem. Gosto dos sebos bagunçados, com livros entulhados ao deus-dará e o vendedor não se importa. Os alfarrabistas de verdade sabem que nada vale muita coisa, é tudo papel. Foi com eles que aprendi que no fundo eu, escritor e anticonfeiteiro (hélas!), não passo de papel. Sou refugo de estantes hiperiluminadas, antípoda de monges e executivos que tiveram seus queijos furtados, falência dos casais inteligentes que enriquecem juntos, gordura trans em livro de dieta, pomba-gira na Zíbia Gasparetto. Mas os sebos, como as baratas, vão sobreviver ao colapso da civilização.

6 de outubro de 2014

Mariano

O Mariano nasceu em 1982. O Mariano nasceu, sobretudo, no dia primeiro de abril, que é o único dia em que a gente diz que a mentira é mentira. O sobrenome do Mariano é Marovatto, mas na verdade é da Silva Perdigão. Marovatto quer dizer muitas pedras. Foi ele mesmo que escolheu. O Mariano é cantor, compositor e poeta. O Mariano uma vez gravou os barulhos da obra do vizinho enquanto ouvia Schubert e, acho que por acaso, acertou direitinho como é a paisagem sonora de São Paulo. Não sei se o Mariano já morou em São Paulo, mas eu sempre gostei das casas do Mariano. O livro novo dele se chama *Casa*, o primeiro se chamou *O primeiro voo*, o outro se chamou *Mulheres feias sobre patins*. Teve um também que se chamou *Amoramérica*, que ele escreveu com os primos Guimaraens. Os discos se chamaram *Aquele amor nem me fale* e *Praia*, tem também o *Brinquedo bobo*, que é um troço sensacional. Eu fiz o clipe de "A mutante", que é do *Praia* e é também do Jonas Sá, que é amigo do Mariano. O Mariano é arquivista, como eu, como o Ismar e como os Colombos desta revista. O Mariano, igualzinho à bossa nova, é foda.

Ele fez o primeiro site dedicado aos Beatles do Brasil. O Mariano já foi a Goiânia.

VICTOR HERINGER: Querido, onde é sua casa? Como ela é?

MARIANO MAROVATTO: Querido, primeiramente obrigado por me deixar exercer aqui a minha nova obsessão de escrever sobre escrever. John Cage, que nunca foi analisado, uma vez foi ao analista. E o doutor disse: "Eu vou resolver os seus problemas num grau que você vai começar a escrever muito mais música do que você já escreve. Cage pensou: Deus do céu, eu já escrevo música pra caramba, socorro!". Fugiu. Já fugi da análise uma vez também. É mais ou menos por aí. Depois do *Casa* pronto, eu tenho escrito bastante — por dinheiro e por inutilidade —, o que tem sido crucial. Nunca pensei que fosse usar a palavra crucial. Mas, a minha casa é muito parecida com a sua, porque somos todos muito parecidos, embora não pareça, neste planetinha. Vamos entrando.

Antes, no primeiro momento em que me dei conta de que o livro se chamaria *Casa*, quando ele ainda não estava terminado, me saí com a frase: Toda casa será ruína. Toda ruína é o início de uma história. Agora que ele está prontíssimo pro mundo, penso outra coisa sobre casa. Histórias são memórias bem contadas, né? Então, casa é pura memória. Posso ilustrar, sorteando uma data avulsa da minha vida: 1º de dezembro de 1997, por exemplo. Eu tinha quinze anos e nesse dia, uma segunda-feira, descobri que tinha ficado em recuperação em matemática. A primeira e única da vida. Sinal latente da desilusão em relação ao colégio. Depois da notícia, passei a tarde na casa do Jonas (Sá) e lá escutamos pela primeira vez o *Homogenic* da Björk, que tinha acabado de ser lançado. (Nesse mesmo ano, Jonas tinha me apresentado o *First band on the moon*, dos Cardigans, e eu mostrei pra ele o

102

Odelay, do Beck e o *OK computer,* do Radiohead. Quatro discos que dizem muito sobre nossa educação auditiva e sentimental.) Porém, o disco da musa/ nossa senhora da Islândia era uma coisa muito difícil de se ouvir naquela hora. Apesar do colo do Jonas, foi uma tarde duríssima. Björk, no meio daqueles arranjos que demoraram anos para soarem naturais aos meus ouvidos, soltava frases muito embrionárias, que culminariam no nosso papo aqui, do tipo: *"If travel is searching and home what's been found, I'm not stopping. I'm the hunter"* ou *"State of emergency: is where I want to be".* Se eu virasse praquele Mariano de dezessete anos atrás, diria: escute essas duas frases. Mas ali, naquele momento, consegui resgatar uma única outra, da última faixa do disco, que me salvou pro resto do mês: *"All is full of love. You just ain't receiving, your phone is off the hook"* (ainda vivíamos no século xx e os phones ainda tinham hooks). Foi o início de um dezembro muito diferente dos outros da minha vida até ali. Começou com a recuperação, na sequência quebrei meu pé direito em três pedacinhos, inacreditavelmente meus pais se separaram depois de trinta anos de união e a menina que eu mais gostava até então me disse um educadíssimo não. Mas havia os amigos e as canções e a promessa de vida no coração. E esse momento muito casa é, hoje, muito determinante. A memória enquanto casa, se rodarmos a roleta dos dias novamente, vai cair em outro momento de estado de emergência, como diria Björk, não vai cair numa memória de ninho e calmaria, não mesmo. Me acostumei, durante o processo do livro, que casa são situações nas quais só resta você e mais nada. Quer dizer, você e seus pés acostumados à gravidade, andando nesse mundo. Errando e descobrindo, sem o teto e as paredes. Voltando atrás, puxando outra data, lembraria, por exemplo, do dia 3 de janeiro de 1991, quando eu não pude conceber, no primeiro dia em que fomos morar em Maceió, que dormiria eu num quarto e meu irmão num outro. Vivemos até ali no mesmo espaço, no mesmo nosso quarto. Cada um com o seu quarto era um rompimento muito bruto, além daquele proporcionado pela mudança de cidade, de escola, de amigos, de rotina. Não dormi naquela noite. Desculpe, sou obsessivo com datas. Não que eu lembre de todas: recorro aos diários, que escrevo desde sempre, quando alguma me escapa. O arquivista está sempre à espreita. Casa é sempre uma memória de deslocamento para uma zona que não é de conforto. A grande jogada é transformar esse lugar errático na sua cama e ao mesmo tempo no seu parque de diversões. Os diários criam esses pequenos marcos de fundação que surgem ao longo da vida. Casa é o processo, não o objetivo.

Como disse, o livro está pronto. Tive que dar um ponto-final nele antes que a palavra casa mimetizasse outro significado. Parei neste dos estados de emergência e do se viagem é procura e casa o que temos, eu não vou parar. Essa é a casa que permanece ali. O livro acabou, mas a escrita continua. E de outra forma. Agora, em vez de cair no clássico abismo entrelivros de não saber e não ter o que escrever, me surgiu um cacho de escritas para fazer, ao mesmo tempo em que me apaixonei perdidamente pela Laura Riding: poeta (e depois, ex-poeta) que eu não conhecia, mas que a cada novo marco de vida, a cada livro, mudava o que pensava e o que escrevia. Alguém que vivia e escrevia no mesmo passo. Tenho agora um caderno roxo que acompanha quase todos os meus pensamentos válidos e a escrita tornou-se não uma provinha das errâncias pelo mundo, mas um diálogo aberto com o pensamento. Está sendo produtivo. Se fosse pra responder qual é a minha casa agora, seria esta outra, diária, reflexiva, uma constante. Pensamento aceso com fogo nos olhos, tipo a cara do John Cassavetes, sabe? Tenho esse projeto de me tornar um grafomaníaco como Roland Barthes e o Mário de Andrade e espero conseguir fazer esse cosplay mental funcionar legal e por um tempo bom. É por aí que reside o que antes era a palavra casa. Talvez tenha que pescar uma nova palavra que se adapte a esse modus operandi que é alerta da mesma forma, mas não mais errante. É, de fato, um momento crucial.

VICTOR HERINGER: Um dia você disse em entrevista, já não lembro a quem, que a poesia não tem pressa. A música tem pressa? São coisas muito diferentes para você? Qual é o tempo do poema e o tempo da canção? (O tempo da edição, da pesquisa, do cotidiano?)

MARIANO MAROVATTO: Eu dizia cada coisa, gente. Pois direi outras tantas. Conforme a minha resposta anterior, a escrita agora, pra mim, não tem pressa, porém é constante e fundamental. Mas engraçado: em todos os livros de poemas que publiquei havia uma certa pressa porque cada um obedecia ao método do falso narrador/ falso eu lírico específico que eu criava em cada livro. Vou tentar explicar: esses falsos agentes exigiam uma espécie de *deadline* para o conceito não caducar na velocidade dos vinte anos, época que escrevi esses primeiros livros. Quando há limites há pressa, há um vigia aceso te esperando, penso eu. Se não há limites, também não precisamos de tempo, não é verdade? *Casa* agora demorou dois anos pra virar livro. Foi um longo processo de gestação muito do saudável. É um livro pós-trinta anos e me soa trinta anos mais maduro do que os outros. Não só por conta da falta de pressa, mas também, e principalmente, por destituir esses falsos narradores e encarar eu mesmo o que estava se passando, e escrever.

A música é um troço muito diverso da escrita. Muito. Há os instrumentos, os equipamentos de gravação e a voz para que a canção possa passear pelas ondas sonoras até os ouvidos de toda a gente. Há pressa na música? Bem, tenho intercalado um livro e um disco, um livro e um disco porque não tenho a capacidade de me devotar aos dois processos ao mesmo tempo. O *Praia* foi gerado no meio do processo do *Casa*, os dois se misturam em algum ponto que nosso amado Ismar Tirelli Neto um dia me disse qual, mas teremos que perguntar de novo para ele. Mas, quando eu e Ricardo Dias Gomes estávamos gravando o disco, o livro ainda não existia. Existiam os poemas que fiz entre 2012 e maio de 2013 (que estão na primeira parte do livro), quando comecei o disco. Gravei, lancei em outubro e retomei os poemas em dezembro (que estão na segunda parte do livro). Talvez o *Praia* seja esse capítulo intermediário entre as duas partes do *Casa*, se quisermos pensar os dois conjuntamente, cronologicamente e afetivamente. Mas fugi completamente do que você perguntou. A verdade é que o efeito que uma canção faz assim que é terminada é muito mais eficaz do que o de um poema recém-nascido. Para a pressa da vida, do ouvinte, a música é a solução. O leitor de poesia nunca tem pressa, excetuando alguns de nós, tarados. Agora, compor me é ainda um processo difícil pra caramba. Faz mais de ano que não termino uma canção, nem consigo colocar uma letra qualquer em melodia qualquer. Fazer letra é a parte mais dolorida de todas. Na verdade, depois do *Casa* ainda não me aventurei novamente na composição pra de fato escrever e refletir sobre isso. Ano passado sei que me enfurnei alguns meses para terminar canções que tinha pendentes com Alice Sant'Anna e Bruno Medina há anos. Foi uma imersão, um exercício diário para que as canções se resolvessem. E se resolveram muito bem — por conta do método, da disciplina. Mas há ainda uma coisa que entope a minha relação com a letra de música, sabe? Hoje, raramente faço uma letra e digo: isso é uma letra (não um poema ou sei lá o quê). A última foi "Vidraça", que mandei para o Romulo Fróes e tá lá no *Praia*. E ela já tem mais de dois anos. É a única letra que escrevi para o disco. A letra pede um outro material que não é exatamente o mesmo dessa escrita constante, exclusiva do caminhar conjunto de pensamento, vida e literatura. Ela pede também uma relação muito estreita com as ondas sonoras e com o cantarolar. A sensação de coletividade na música é muito maior do que na poesia, isso também é levado em consideração. Sim, dá para cantarolar qualquer coisa nesse mundo, mas tem que fazer bonito. E existe uma coisa muito importante: não dá pra compor quando você não tá exercitando a sua voz. É um processo expansivo e não quietinho no seu canto, refletindo e anotando apenas. Tá me dando uma vontade agora de tentar uma música para ver se é isso mesmo que penso, depois desse tempão sem compor.

VICTOR HERINGER: Mas e o *humour*? Tem consolo na praia?

MARIANO MAROVATTO: A praia é puro consolo, mas o *Praia*... Olha, fiz uma coisa que não fazia há tempos pra pensar nessa pergunta: escutar os 23 minutos do *Praia*. E não: no *Praia* não tem consolo. Tem marcos, altitudes e vales, um percurso. Um percurso que termina com uma canção de ninar dos shipibo, um povo indígena que vive no Acre. Mas é uma canção, como diria o Drummond, para acordar os homens e adormecer as crianças. Foi um disco feito durante as manifestações de 2013. Isso eu levo em consideração. Acho que é um ponto fora da curva, como disse o Fred Coelho, da mesma forma que foram as passeatas. E, por ser fora da curva, é incontornável, impossível de não reparar com olhos estranhos. É um grande orgulho esse disco. Mas, por outro lado, ele tem um pressuposto muito latente, que é o do isolamento. Isolar-se para morrer, para ficar longe de todos os outros, para descansar de vez, de alguma forma um consolo. O último dos consolos, a última das casas. Eu disse uma vez que adoraria morrer deitado na areia quentinha da praia, suave, ouvindo as canções praieiras do Dorival Caymmi. Ainda quero. Essa vontade tá em algum lugar do disco, embora a capa seja a parede de ladrilhos do meu antigo chuveiro e, auditivamente, ele não dê consolo algum. *Praia*, se você quiser uma praia física pra ele, te dou duas: Anakena e Ovahe, as duas únicas praias da Ilha de Páscoa, o lugar mais isolado do mundo onde vivem seres humanos (e pouquíssimas palmeiras polinésias). Logo, são as praias mais isoladas do mundo. Eu fui pra lá ano passado, na companhia da Alice Sant'Anna; e olhar com os próprios olhos, e caminhar por aquele pedaço de terra minúsculo perdido no oceano Pacífico, e presenciar a história das suas ruínas (os inacreditáveis moais, a lenda dos homens-pássaro e tudo mais), é puro arrebatamento. Um arrebatamento diverso do da Islândia, outra ilha que se eu começar a falar não paro mais, para desespero dos mais próximos. *Praia*, embora gelado, se fosse uma ilha, seria a Ilha de Páscoa. *Casa*, embora quente, se fosse uma ilha, seria a Islândia. Tudo no fundo não passa de um devir-Joaquim Manuel de Macedo e sua historieta de amor em Paquetá, não é verdade?

O *humour* ainda é amor. Menos destrambelhado que antes, de ironia mais certeira. O mundo seria horrível sem ironia. Outro dia disse que a maior tristeza do mundo é a ironia quando usada por pessoas de má índole (e, aproveitando o momento eleitoreiro, por pessoas de opções políticas estúpidas). A dor é muito pior (e as consequências gravíssimas).

Um poema de Mariano Marovatto, do livro *Casa*:

Hoje depois do banho você apareceu com os olhos brilhando. Disse que faria um suco, que esperasse, que provasse. Está sujo aqui. De café. Pronto, saiu. Eu pela rua, tão desarmado, tão calado. Você de verde numa pista de dança. Você sentada numa cadeira de praia. Você me leva para lugares próximos. Eu não consigo levar ninguém para as ilhas porque são muito distantes. Mas você está lá, de verde, nua, no meu colo, seriíssima, dormindo, bebendo água, na minha casa. Não dizem palavra os cartógrafos, apenas desconfiam e verificam. A terra é firme debaixo das tuas botas. Estou em casa, estou na ilha, na mesma esquina. Você salta do táxi, sem o sorriso, você está de rosa. Nua, você diz que é um macacão rosa. Você ainda está vestida. Você me dá a mão. Damos uma volta no quarteirão para despedir dos amigos. Os amigos notam nossos dedos entrelaçados. Os dedos estão na sua gaveta. A gaveta está na sua casa. Seus brincos estão na minha gaveta. O endereço da ilha é o mesmo da casa. Estão na mesma língua e por isso você não entende. Nas ilhas se caminha com extrema dificuldade por conta dos ventos. Suas botas supõem impensável caminhar dessa forma. Não há diferença entre o abrigo das nuvens e o abrigo das árvores. As ilhas são umbigos do mundo. Imagino sua rotina e sua cozinha acesa. Imagino o trator na janela derrubando paredes. Imagino você me escrevendo um bilhete. Imagino sua letra garranchosa porque nunca vi sua letra. Imagino você se despedindo. Imagino você culpando o trator pelo sumiço. Imagino os seus filhos. Eu não tenho filhos. As ilhas não estão em guerra. Luto por um pedaço de continente que não é meu. Imagino meus pés firmes esperando o meu próprio trator. O trator é o senhor das ruínas.

22 de outubro de 2014

Ser português

De repente, metade da minha família virou portuguesa. As irmãs de papai viraram portuguesas, minhas primas viraram portuguesas, meu finado pai, quem diria, nascido alemão em São Pedro da Serra, pode acabar virando português depois de morto. Se papai é português (pós-português), ficamos eu e meu irmão também portugueses, com passaporte e o escambau. Isso porque a minha bisavó é portuguesa, e há possibilidades diplomáticas & burocráticas de sermos portugueses também. Tudo se resume ao sangue, sangue que rega as árvores genealógicas. Nós, que nunca pisamos em Portugal e somos europeus só muito filtradamente... Meu Deus, nem sei se na terrinha falam escambau. Me entenderão, os meus patrícios?

A mãe da mãe do meu pai ainda é viva. A lembrança mais antiga que tenho dela é que ela foi dona de um restaurante de comida árabe. Ou um restaurante árabe comprou a casa em que ela morava, já não sei. Sei que ela se casou com um espanhol quando tinha já uns bons sessenta anos de idade, espanhol mesmo da Espanha (ele penteava os cabelinhos brancos com suco de

110

limão), mas os dois brigavam muito e acabaram se divorciando. Minha bisavó chamava todo mundo de ô, seu camelo. É uma senhora muito irritada, por isso sempre gostei dela. E tem um sotaque carregado. Agora que penso lá bem, percebo que é sotaque português. Quando eu era menino, devia achar que as pessoas pegavam sotaque quando envelheciam. A vida dela até que parece a história de Portugal: mouros, espanhóis, ultramarismos, escárnio e maldizer.

Meu pai não, meu pai morreu aos quarenta anos de idade. Morrem cedo, os homens da minha laia, por isso tenho pressa. Tenho que ser logo português ou perderei a chance. Agora, morrer sem ter sido português seria uma pena. Quero ser português! Deixem-me ser português.

O caso é que teria que aprender. Não sei nada de ser português. Minha própria lusitanidade me pegou de surpresa, como deve pegar também as crianças de Portugal. Ouvi dizer que eles (nós?) têm estradas demais, que fizeram mais estradas do que precisavam e hoje há muitos lugares por donde ir, mas todo mundo quer mesmo é ir embora. Aí, na abundância de caminhos, eu me reconheço. No querer ir embora, eu sou português. Falo e escrevo em português também; é uma maldição compartilhada. Sou versado nas cantigas picantes do tempo do Dinis, o Rei-Poeta (Par Deus, Luzía Sánchez, dona Luzía..., o restante é de se procurar no Google, porque esta é uma revista de família). Não sou muito de Saramago (agora lês saramagos & coisas assim, como escreveu o Pina) e o Lobo Antunes me dá uma dor danada. E o que mais? Nada mais? O fado? O Alberto Pimenta? Será que o Alberto Pimenta ainda está preso no zoológico de Lisboa? Sr. Pimenta, por favor me ajude a ser português, meu telemóvel é +55 (11) 00000-0000.

Outro dia eu estava lendo um livro de alfabetização da Guiné, dos anos 1970. Nos pátios de recreio das escolas guineanas sempre tinha um monumento a Portugal, com o nome: POR-TU--GAL, para ninguém esquecer. E o livro era todo cheio de amores aos soldados portugueses, que ajudavam a construir casas e estradas e policiavam tudo direitinho. Se eu virar português, terei que lidar com mais monumentos? Meu Deus, já não bastam os meus próprios monumentos? Ser outra coisa é sempre ser mais monumentos, mais estátuas de gente sentada em cavalo? Mais soldados, mais bandeirantes, mais vice-reis? Chega de soldado, não chega? Pelo menos o Tejo será meu? É água potável? Estou precisado de água potável. Dá para nadar? Tem muito tempo que não entro num corpo d'água. O Tejo deságua no Tietê? Meu Deus, desaguará o Tejo em Copacabana?

Cmon, Camões, me dá uma ajuda.

5 de novembro de 2014

Dois livros para lembrar

A máquina da memória não é muito bem-feita. A taxa de desperdício é assustadora — 40% de tudo o que registramos sai direto pela bandeja de descarte, desaparece em poucos minutos. O restante é quase inteiramente processado, passa por milhares de tubos de cobre, vai transportado em esteiras até o setor de triagem, depois para outros setores misteriosos e por fim é armazenado em gavetas refrigeradas para ser esquecido só mais tarde. Mas há uns pedaços de lembrança que ficam presos nas engrenagens, coisas nem bem lembradas, nem bem esquecidas: a primeira metade de um velho número de telefone (de quem era?) emperrando o bom funcionamento de duas rodas dentadas, um rosto de mulher muito antigamente desejada (como era mesmo o nome dela?) apodrecendo na bandeja separadora... São fantasmas na máquina e, como todo bom fantasma, ficam com a gente para sempre.

Eu, por exemplo, nunca me esqueci (mas também não consigo me lembrar direito) de dois livros. Os dois me marcaram muito, justamente porque não consigo lembrar quase nada sobre eles, mas é impossível esquecê-los completamente. Aí, acabo lembrando deles porque não consigo lembrar. Fenômeno curioso, não conseguir esquecer por não conseguir lembrar!

O primeiro quem me recomendou foi a mãe de uma antiga namoradinha. Sabendo que eu era chegado numa macumba, ela me emprestou um livro estranhíssimo, de um espírito muito erudito cujo nome não recordo, psicografado por um médium que também esqueci. O livro tinha a capa verde-oliva, acho que com um mapa do Brasil estampado. Tenho a impressão de que foi publicado nos anos 1970 (pelo tipo de encadernação, o papel, a tinta), mas pode ser só impressão.

Do conteúdo, só lembro que profetizava um belo futuro para o Brasil, não sei se por causa da mistura de raças (o que, dizem, tem uma boa contrapartida cármica no mundo espiritual), pelas riquezas faunoflóricas, pela ausência de desastres naturais ou por outra coisa. De qualquer modo, era uma alma desencarnada que gostava muito do país, talvez um gringo que visitou uma vez o Rio de Janeiro e achou o paraíso na Terra. Vai saber. Vai saber qual futuro o livro predizia... O Brasil transformado em nova potência mundial? Uma ecopotência em tempos de desastres climáticos, um oásis tranquilo, um gigante gentil. Isto se a gente tivesse parado de derrubar a Amazônia nos anos setenta (nos 1870). Acho que já era, esse futuro aí.

O segundo livro semiesquecido é bem mais mundano, uma brochurinha magra, não maior do que um 13 × 19 cm, que meu professor, o Keith, levava todos os dias para as aulas. Lá pelos dezesseis anos de idade, eu vivia em Londres, perdido numa cosmópole de tijolinhos que em poucas semanas sofreria um de seus piores atentados, o infame 7 de julho. O Keith era meu professor de redação — e foi meu primeiro crítico, meu primeiro resenhista (o único a que prestei atenção): ele lia minhas coisas e dizia para a classe que *Well, Victor just writes to have a laugh*. Ele está certo. Até hoje, nunca me divirto tanto quanto quando estou escrevendo. E acho graça e tiro sarro, às vezes do mundo, às vezes de mim mesmo, às vezes de você.

Enfim, todo dia, antes e depois das aulas, o Keith abria o seu livrinho e começava a ler em voz alta: Duke Ellington, John Coltrane, Charles Mingus, Cecil Taylor... e eu cravava: *Jazz musicians*! Era um livrinho de charadas, uma brincadeira de que todos gostavam e que eu sempre quis reproduzir com meus alunos, mas nunca mais encontrei esse livro. Nem consigo procurar no Google direito, como procurar essas felicidades pequeninas no Google? E lá ia o Keith de novo: *Öresundsbron, Ölandsbron, Igelstabron, Umeälvsbron*... E eu pensando, meu Deus... o quê?! O meu amigo sueco era quem sabia: *Bridges of Sweden*! A menina francesa que sentava ao meu lado de repente prestou atenção em mim: Oh, do you like the jazz-êh? Como eu gostava desse livrinho do Keith. Como eu gosto do sotaque das francesas falando inglês. Como era mesmo o nome dessa menina?

21 de novembro de 2014

Vida desinteressante: uma retrospectiva

Há alguns anos mantenho um diário intitulado "Vida desinteressante", no qual registro meu cotidiano, leituras e demais detritos linguísticos. Este ano, à guisa de retrospectiva, decidi publicar trechos da Vida desinteressante de 2014 aqui na Milímetros. A publicação se dará em duas partes ao longo do mês de dezembro.

1º DE JANEIRO

Passeio safári em São Paulo: não saímos do carro. Centro histórico. A população de mendigos daqui equivale a uma cidadezinha do interior, parece. Zumbis cracudos, polícia e o Palácio das Indústrias, hoje um museu de ciências. A irritante estátua de Nicola Rollo, o carro do Progresso. Essa é a nossa estátua de Lênin, que deve ser derrubada pelo pescoço. Abaixo o Progresso! Viva Walter Benjamin!

21 DE FEVEREIRO

Orson Welles é meu pastor, nada me faltará. Orson Welles é o santo padroeiro dos anos zero. Sua risada obesa chacoalha as montanhas. Conduz-me às águas refrescantes, restaura as elegâncias da minha alma. Orson Welles habitará a casa da arte por muitos anos. Se o diabo tivesse voz, seria a dele lendo Kipling em *F for Fake* (obra-prima de 1974): *It's pretty, but is it Art?*, ressoa no ouvido de todo artista. Orson Welles, ilusionista de rua e mentiroso profissional, é o caminho, a verdade e a vida. *F for Fake* é a sua Palavra.

13 DE MARÇO

Tédio. Procurando emprego.

14 DE MARÇO

Esta cidade é tão grande que da minha varanda eu vejo a chuva a uns três dias de distância_____nenhumemprego.

25 DE MARÇO

Um altarzinho: Vivian Maier + Francesca Woodman + Horst Ademeit + Bispo do Rosário + Miroslav Tichý.
_____aindaprocurandoemprego.

31 DE MARÇO

Da última vez que estive no Rio, fui à ilha do Fundão, e uma das poucas cenas de que me lembro é esta: um Caveirão parado no trânsito da Linha Vermelha, o que, como o drone sobrevoando a Barra da Tijuca duma notícia da semana passada, compreendi como um sinal de que eu não devia estar ali. Vou desnaturalizando a bisonha cidade em que nasci. E assim vamos. Amanhã, percorrerei o mesmíssimo trajeto, para defender a dissertação, faculdade em greve.

_____Sempre me lembro do Chacal, no palco do Sérgio Porto, dizendo: "Quem diria... antigamente neguinho comemorava quando Fulaninho saía da prisão, hoje comemoram quando Fulaninho defendeu o mestrado".

2 DE ABRIL, 5H40

Defendido o mestrado, aprovado, mestre em Teoria Literária. Na banca, além da Beatriz e do Pucheu, Eneida Maria de Souza, que foi muito simpática. Mamãe e tia Stella foram, todas arrumadas, e assistiram à coisa inteira. Bravamente.

Na rodoviária Tietê, agora há pouco, dois velhos saíram do banheiro público brigando. Um deles xingava o outro: "Viado! Não se pode nem mais urinar em paz. Viadagem!", pararam. Disse urinar mesmo, não mijar. O irritado deu um tapa/ soco na cara do outro, que, alguns segundos depois, revidou com um chute mal dado, a briga mais patética que já vi, em câmera lenta de velhice. Um terceiro velho tentou intervir, mas o irritado gritou que não se metesse, que ele passava a tesoura em todo mundo (e tirou uma tesoura da pochete).

***

A paisagem da varanda, sol nascendo. Lembrou os versos "Quero terrolhos para ver/ a maldade desaparecer", como cantava Nelson Cavaquinho no "Juízo Final" — esse "terrolhos" que não é terror nos olhos, mas sim a Terra nos olhos.

19 DE ABRIL

Sugestão no aniversário de Manuel Bandeira, nosso maior poeta menor: que, em vez de obra bandeiriana, diga-se para sempre obra bandeirola.

Hoje também é dia do índio (e aniversário do meu irmão). No livro de Angyone Costa, *Introdução à arqueologia brasileira*: Diz ele [Teodoro Sampaio] que o nosso índio não registrava feitos bélicos de caráter geral. Episódios memoráveis, para eles, eram os próprios, de cada um. O índio foi o ancestral poeta menor, da linha do Bandeira: não faço versos de guerra, não faço porque não sei...

1º DE MAIO

O 1º de maio é uma espécie de 1º de abril.

17 DE MAIO

Sobre João Cabral e seus cabralinhos, não sei não. Li Jãcabral quando era bem menino, com o encanto de um torneiro mecânico sentindo as rotações da máquina, tatá tatá tará, itum tatá tatá tará, itum etc. Depois de alguns minutos, conseguia macaquear: tará, tará... Concluí que não era difícil ser Jãcabral, mas devia ser chato.

Sobre faca só lâmina, sua evolução natural nasceu bem antes: nada.

Neste quadrado estão Beckett, Brás Cubas etc. Eu cá sigo achando que a coisa mais intricada que Jão Cá fez foi ir morar no edifício Guinle (ou foi no Seabra?), o bolo de noiva da praia do Flamengo, não sei. Mas entre a faca só lâmina e a faca sem lâmina à qual falta o cabo, fico com a minha faca: só cabo.

1º DE JUNHO

Lembro daquele desenho que o professor de literatura do ensino médio fazia no quadro, explicando que a história literária era um pingue-pongue entre o temperamento clássico e o temperamento romântico. Suspeito que estejamos no lado clássico da mesa. E lá vem a raquete.

5 de dezembro de 2014

Vida desinteressante: uma retrospectiva (Parte II)

Há alguns anos mantenho um diário intitulado "Vida desinteressante", no qual registro meu cotidiano, leituras e demais detritos linguísticos. Este ano, à guisa de retrospectiva, decidi publicar trechos da Vida desinteressante de 2014 aqui na Milímetros. A publicação se deu em duas partes ao longo do mês de dezembro.

22 DE JUNHO

Duas coisas me perseguem terrivelmente desde que cheguei a São Paulo: "Run run se fue pal norte", da Violeta Parra, e a mais óbvia "Modinha do empregado de banco", do Murilo. Se eu pisar no Chile mais uma vez, volto mais não.

12 DE JULHO

Imagine: um país comandado por comentadores de portais de notícias.

13 DE JULHO

Nas aulas de história, eu sempre ficava me perguntando como é que conseguiam prender e exilar professores, jornalistas e artistas assim sem mais nem menos. Ninguém percebia? Ninguém se importava?

29 DE AGOSTO

Na festa da democracia, eu sou o garoto que fica a noite inteira escorado na parede, com vergonha de falar com as meninas.
Só tem guaraná na festa da democracia.
E está cheia de james-deans.

26 DE SETEMBRO

Ontem li toda a "Carta a Abu Bakr al-Baghdadi", assinada por mais de 120 imames e estudiosos muçulmanos, que refuta o Estado Islâmico, ponto detalhado por ponto detalhado, com citações do Alcorão, de textos clássicos e debates etimológicos e jurídicos. Não é só a cantilena usual de que jihad não quer dizer bem guerra santa ou isto ou aquilo, mas umas discussões bem bizantinas (com o perdão do trocadilho), como: Como pode Abu

Muhammad Al-Adnani [porta-voz do EI] proclamar que a promessa de Deus é este suposto Califado? Ainda que supuséssemos que a sua alegação é correta, ele deveria ter dito Isto é da promessa de Deus. À parte os ecos borgianos que me vieram à cabeça (e Hakim Bey, e a poesia toda), é tocante ler que a erudição ainda tem alguma esperança de influir na barbárie, como se o Lattes pudesse algo contra a kalashnikov.

3 DE OUTUBRO

Sexta-feira pré-eleição, horário de almoço numa vomimentada via de São Paulo.

No meio do boca a boca, tento fervorosamente praticar a burca de urna.

19 DE OUTUBRO

Tive meu primeiro alumbramento em São Paulo um dia desses: confundi três torres piscando com estrelas. Torres de celular.

26 DE OUTUBRO

Essa fixação com Cuba até Freud, garoto-propaganda de charutos, explica: nossa democracia não passou da fase anal.

Todo mundo quer ser Suécia, mas ninguém procura saber como a Suécia virou Suécia.

27 DE OUTUBRO

O chorume de sempre após vitória do PT. [...] Que sonho seria ter conservadores melhores, não este lumpenreacionariato. Nabokov, em aviso para "o idiota particular que, por ter perdido fortuna em algum crash, acha que me entende":

> Minha velha (desde 1917) briga com a ditadura soviética não tem qualquer relação com questões de propriedade. É total o meu desprezo pelo emigrado que "odeia os vermelhos" porque eles "roubaram" seu dinheiro e sua terra. A nostalgia que venho alimentando todos esses anos é uma sensação hipertrofiada de infância perdida, não de tristeza por dinheiro perdido.[1]

29 DE OUTUBRO

Conversas no ônibus, conversas por toda a cidade. Celulares, vinte mil euros na conta, casamento, quem não trabalha e quem trabalha, vídeos engraçados na internet, roupas de marca, cerveja, futebol, lances de futebol, lances até sem bola. As conversas de São Paulo são cimento. Furar e sair correndo.

1º DE NOVEMBRO

2500 pessoas fecharam a av. Paulista hoje pedindo o impeachment da presidenta. Cartazes: o povo está com as forças armadas, fraude nas urnas. Demimimicracia.

1. Vladimir Nabokov, *Fala, memória*. Trad. de José Rubens Siqueira. Rio de Janeiro: Alfaguara, 2014, pp. 70-1.

20 DE NOVEMBRO

Minha única saída é ganhar 135 milhões na Mega-Sena.

Vai ver James Joyce é um pesadelo do qual a história da literatura está tentando acordar.

Earl Grey é o meu chá favorito.

Sobre a Panelinha — Gosto de escritores que querem aumentar o diâmetro da panelinha, mas que avisam: o fogão está aceso.

Sobre a Vida Literária — Tem gente que gosta. Os escritores detestam.

Estudo para epitáfio: metade ele não entendeu // morreu sem saber qual metade.

21 DE NOVEMBRO

Enforcamento de feriado. Acordei cedo para correr e, na volta (8h30), na frente de um prédio vizinho, vi um moço forçudo sentado ao lado de um mendigo que passava muito mal — espumava e tossia e chorava. O moço estava com a mão no braço do mendigo, em solidariedade. Agarrada mesmo. Na frente do trabalho, passou um velhinho cantando "A vida é bela, a vida é bela" (acho que composição própria). Se ninguém trabalhasse...

23 DE NOVEMBRO

Ressaca pós-casamento. Gosto de ficar de ressaca, assim num domingo sem nada pra fazer. Talvez goste mais desta ressaca ociosa do que de beber, propriamente. Ficar deitado até quatro da tarde, café preto e docinho de festa, lendo sobre a primeira viagem de um explorador à ilha de Marajó, no início do século XX, no lombo de um boi: o susto dos jacarés (cinquenta, sessenta jacarés ao sol), as garças explodindo em voo, o choque [...] recebido no mais sensível da placa receptiva. A ressaca ociosa é confortável como um monastério na Idade Média, como o *Decamerão*: lá fora, a peste. Uma vulnerabilidade tranquila. Almoço: sushi às cinco.

28 DE NOVEMBRO

Além da antropofagia oswaldiana, pensar: a saudação lacrimosa do índio. O navegador Pero Lopes de Sousa diz ter sido recebido com grandes prantos pelos indígenas, como se lhes tivesse morrido alguém. Diz Brandônio, nos *Diálogos das grandezas do Brasil*: "E, nas visitas que se fazem uns aos outros, guardam também um estranho costume, o qual é que [uma mulher] se põe sentada aos pés do hóspede [...] e ali, com um choro muito sentido e magoado, lhe está recitando, por grande espaço, as cousas passadas, que sucederam a seus pais e avós, de infortúnios".

Aharon Appelfeld, sobre um encontro no café Ticho, em Jerusalém: *I used to feel that those of us who had suffered in the Holocaust were immune to fear. I was wrong. We are more sensitive to danger. We can smell it. A few days ago, a Holocaust survivor came over to my table and enumerated the dangers ahead of us.* (Não é a récita do sobrevivente uma espécie de saudação lacrimosa, uma rememoração dos infortúnios do futuro?)

A saudação lacrimosa é um filosofema para o nosso colapso civilizacional. (Não foram os europeus o apocalipse do índio?) Um choro alegre triste, uma ladainha, rememoração diante do fim. E, diante do fim, tudo é perigo, mas também tudo é possibilidade — até o passado.

19 de dezembro de 2014

2015

Fantasia de finlandesa

Me deixem ir, preciso me enfurnar num monastério. Não acredito muito em Deus, mas não importa; é só um detalhe, Deus. Vou vestir meu hábito branco e vou-me embora para um desses mosteiros trapistas perdidos nas montanhas vermelhas da África islâmica, onde os ventos têm nome e a gente não imagina, mas faz muito frio. Me deixem ser menor que um monge trapista, menor que um monge católico numa terra de mesquitas, menor que um pastor de ovelhas na Argélia, menor que a ovelha. Me deixem ser o mato mastigado pela ovelha.

Plantarei hortaliças, criarei galinhas e duas vacas, terei uma cadela de estimação chamada Baleia, lembrança dos meus tempos de São Paulo.

Quero ler meu Montaigne com calma, não quero morrer sem ter lido Heródoto — é tão fácil morrer sem ter lido Heródoto! Me deixem ir, quero descalçar os sapatos sem medo de poluir os pés. Mandarei uma ou duas cartas por mês aos meus amigos. Só tirarei um retrato no dia do meu aniversário e escreverei no verso: Notre-Dame de Midelt, Marrocos (27 mar. 2015). Um retrato por ano, somente. Não me importo de sair mal na foto.

Cuidarei dos papéis velhos do abade, catalogarei os livros, trocarei o forro do espantalho e tentarei convencer os corvos. Me deixem ver todos os quadros pintados por Ilia Repin. Me deixem aprender japonês lendo os poemas de Shuntarō Tanikawa. Me deixem ver as fotos do Mariano Marovatto no Japão. Não tem nada mais parecido com um monge do que um nômade.

Passarei muitas horas imaginando por que Leonid Dobýtchin sempre repetia aquela mesma cena em seus contos: um homem sai de casa à procura de uma mulher que lhe faça o chá e encontra outra mulher sentada nos degraus da entrada. Ele se senta no degrau de cima e ambos ficam mudos, imóveis, enquanto ao longe passa um trem. Ela sussurra que é a finlandesa. Ele sussurra de volta: Que finlandesa? A estrada de ferro finlandesa, que liga Helsinki a São Petersburgo.

Todas as noites, colarei o ouvido a um radinho de pilha para escutar as péssimas notícias do mundo, mas não quero mais saber das páginas de opinião, muito menos dos comentários dos leitores. Estou cansado de ouvir os homens torcendo a língua para ter razão. Me deixem não ter razão em nada. Vou tomar chá vermelho e tremer de frio com a nevasca americana.

Quando eu tiver saudade do Rio, lerei *A Revolta da Vacina* do Sevcenko, quero ver as fotos do Marc Ferrez e do Augusto Malta (dispenso as caricaturas), quero passar anos encontrando semelhanças entre todas as rebeliões do meu país. Quero pensar profundamente nas bolhas de ar presas no gelo da Groenlândia, um ar mais antigo do que qualquer criatura viva, liberto aos estouros pelo derretimento global: póque... póque. Me deixem longe do Carnaval, pelo menos desta vez. Me deixem ouvir o Carlos Galhardo cantando o alalaô no radinho enquanto lá fora o vento açoita as montanhas vermelhas do Marrocos. Parece que vai nevar.

5 de fevereiro de 2015

Memórias do escritor Victor Heringer vestido de mulher

Nova Friburgo (RJ), avenida Alberto Braune. Carnaval de 2003 ou 2005, por aí. Um repórter de TV entrevista um adolescente rechonchudo apertado num baby-doll azul-celeste, com as coxas, muito brancas, indecentemente à mostra. Está visivelmente bêbado ou alegre demais para o meu gosto. Batom na boca, sombra azul nos olhos, cílios postiços, brincos de pressão, blush, anéis, colar de pérolas — e tênis. O repórter pergunta: Onde você faz bronzeamento artificial?

Não lembro o que respondi. Mas está gravado, deve estar nos arquivos. Fui entrevistado no Bloco das Piranhas, por uma emissora de TV local, numa cidade de 150 mil habitantes. Todo mundo viu, minha mãe, meu irmão, meus amigos, meus professores, todos testemunharam, em tecnicolor, a última vez que me vesti de mulher. Eu mesmo não vi, apesar de o programa ter sido muito reprisado, mas tenho certeza de que estava garboso.

Gosto muito de um livrinho francês, traduzido aqui pelo Leonardo Fróes, chamado *Memórias do abade de Choisy vestido de mulher* (Rocco, 2009), escritas por François-Timoléon de

Choisy, famoso homem de letras do século XVII. Publicou uma gorda história da Igreja e outra dos reis de França, se arruinou na jogatina e morreu no século seguinte (1644-1724). Quando criança, além de ter sido nomeado abade, sua mãe costumava vesti-lo de menina, hábito que carregou até a juventude. Rico e sedutor, travestia-se com toda a pompa (perucas, vestidos bordados a ouro, pintas artificiais), porque a beleza, que é o quinhão das mulheres, o fazia se sentir amado e adorado como o próprio Deus.

Na primeira vez que eu me vesti de mulher, devia ter uns nove anos de idade. Pus uma peruca de lantejoulas vermelhas, minha mãe me passou batom, minha prima me emprestou uma saia e uma blusinha, que logo tirei por causa do calor. Isso foi em Araruama, uma cidade na Região dos Lagos onde minha família passava os verões. No Carnaval, os primos se vestiam de mulher e as primas, de homem. Ficávamos no portão da casa, seduzindo os poucos carros que passavam na ruazinha de terra batida.

Por muitos anos, um mistério me perturbou: por que tinha tanta graça homem se vestir de mulher, mas mulher vestida de homem não era engraçado? Seria a mulher, mistério dos mistérios, pouco afeita à galhofa? Ou, pelo contrário, seria a mulher mais engraçada do que o homem? Ou seria só porque não sou mulher?

Nesse tempo, eu ainda não tinha descoberto a grande fascinação que o homem sente pelo travesti: o outro que é também o eu. Um fascínio que nos imbecis se traduz facilmente em ódio e, nos covardes, em escárnio. Na rua da Lapa, machos passam de carro assobiando para a longa fileira de travestis parados nas esquinas, recostados nas pilastras. Estes raramente devolvem as gracinhas; são tão corriqueiras que viram ruído de fundo.

O travesti é uma de nossas figuras míticas. Como tal, é uma imagem redutora (nunca ouvimos análises da situação socioeconômica dos centauros ou da complexidade psicológica do fauno). À noite, e de longe, os vemos fora de suas quitinetes, porque, de alguma forma, imaginamos sempre quitinetes — um espaço miúdo e bagunçado, para o qual a rua seria uma espécie de alívio, uma saída para o habitat natural, o bálsamo das baratas de asfalto. Justamente o oposto da relação que nós, homens e mulheres do Padrão, temos com a rua, sobretudo a rua noturna: contraponto sujo e caótico ao conforto doméstico, reino das baratas de fórmica.

Como toda figura mítica, o travesti nos inspira terror e reverência. Poucos machinhos se atreveriam a assobiar e fazer piadas cara a cara, sem estarem protegidos por um veículo de oitocentos quilos em movimento. A mera aproximação, em geral, é inconcebível. Conhecemos a história: um jogador de futebol (o epítome da masculinidade brasileira) passa a noite com três travestis num motel. Nos imbecis, a história causa ódio; nos covardes, escárnio. Mas, mais do que uma afronta aos bons costumes, é o nosso regime mitológico que sofre um baque. Não se trata da queda de um ídolo, até porque não caiu (está aí declarando voto e fazendo comerciais), mas de um incesto entre ídolos que imaginávamos, por motivos diferentes, intocáveis.

O Carnaval deixa tudo isso a descoberto. A rua recobra sua confortabilidade (tão rara noutras grandes manifestações populares) e os mitos descem ao chão, devidamente carnavalizados. No posfácio ao livrinho do abade, Leonardo Fróes escreve sobre as *masquerades* na Europa do século XVIII, bailes em que se usavam fantasias completas, e não apenas simples máscaras, e as barreiras de gênero e classe caíam no esquecimento. Uma folia confinada aos salões da nobreza, que o brasileiro fez o favor civilizacional de expandir para toda a sociedade.

No Carnaval tudo se subverte e se inverte e se buliversa e se hipnotiza, sob os olhares desdenhosos de gente — aliás, gente como nós, filhos e filhas do Padrão, que vive na nossa mesma redoma. Gente que, tal qual nos escandalizados panfletos de 1720, denuncia o travestismo como uma ofensa corrosiva à moral; disfarçar-se com roupas de outro sexo certamente induziria à depravação pura e simples. Que diriam ao saber dos implantes de silicone, se o implante de pintas artificiais já causava tanto furor? Uma Sodoma. Mas entre Sodoma e a redoma prefiro, timidamente, Sodoma.

Mas fui entendendo, entendendo... até que entendi. O abade, que sua fabulosa alma me perdoe, só entendeu a metade, porque nunca pulou o Carnaval daqui, que nos ensina as graves questões de arte e vida como quem não quer nada. Em vez dos obesos tomos eruditos, o Rei Momo, sorridente e calado. E a coisa nem é tão difícil: não basta só inverter, é preciso subverter. A coisa é simples: todo artista é um travesti. Ainda que viva de paletó, vive em estado de pleno Carnaval.

É a isso que se referem os nossos oiticicas e dandrades quando sugerem Carnaval o ano inteiro. Não o abadá como vestimenta diária, nem as caçadas em bando de playboys hiperenergizados (alguns vestidos de mulher), mas uma disposição mental para a carnavalização, a carnavalização da carnavalização, e assim por diante. Falam daquele velho clichê, diluído nos filtros do Instagram e na poesia de Facebook: que um dia todo mundo seja artista.

Seria, ao menos, uma bela escapatória do pesadelo da história. Um homem encastelado em si mesmo se torna documento histórico, e há imensos documentos históricos, mas danados mesmo são esses tais, os doentes de fantasia, que se entregam ao Outro e, de tanto trocar de indumentária, perdem a própria identidade, são legião, bateria atravessável. São mentiras sem fundo e subversão sem polos: uma subjetividade carnavalizada. O abade de Choisy sem o abade de Choisy; só vestido de mulher, ou melhor: investido. Investido de mulher, investido de rei de França, investido de zim, investido de deserto do Saara, investido de carroça, investido de ∞

20 de fevereiro de 2015

Passeio estressadinho

No supermercado, uma senhora com cara de nojo de madame trata mal a atendente do caixa. O cliente da frente passou mais de dez itens, agora sorri amarelo enquanto a madame reclama bem alto: Chama o gerente! Assim não pode, é por isso que este Brasil não vai pra frente. Estou certa! Não estou certa? Estar certa é tão gostoso que ela vai contar para todo mundo. Depois dessa Dilma aí, a solução é sair do país!, porque ninguém respeita o caixa rápido.

No metrô, moça com uniforme de laboratório de diagnósticos passou o dia a catalogar potinhos com substâncias inomináveis, mas na volta para casa lê sobre o incêndio na mansão do Pierce Brosnan e as férias das celebridades em Punta del Este. O casamento do sambista com a atriz de novela.

Num muro da avenida, uma pichação com hashtag: #não consumir é o mais poderoso protesto. Respondo: o cavalheiro certamente ainda não conhece a guilhotina. Ao lado, outra frase: O seu salário paga o seu tempo? Respondo: pois sim, esse é o exato conceito de salário. Outra: Quanto custa ser humano? Respondo: depende da medida. Um ser humano produz em média 76 toneladas de lixo durante a vida, por exemplo.

No ônibus, moço de terno e gravata lê Ayn Rand. Há um eterno engravatado lendo A *revolta de Atlas* nos ônibus das grandes metrópoles. É um dos nossos fantasmas, que vaga por aí arrastando suas correntes e fazendo perguntas retóricas: Um povo que ri do Joel Santana falando inglês saberá mesmo escolher seus governantes? Bu. Ao lado, uma mocinha grita ao celular: Estou te atrapalhando? Se eu estiver, ligo depois. E prossegue em sua história sobre zzzzzzzzzzzzzzz.

Noite. Chove muito. Entra um bêbado no ônibus, começa a gritar. Xinga os deuses e os transeuntes, quer ir para a avenida Tal (o ônibus não vai para a av. Tal), grita Vagabunda! para a janela. Claramente não é só bêbado, tem outros problemas. O cobrador parte para a briga, empurra o infeliz no chão. Um passageiro grita Pega leve! Não é assim, não! O cobrador se descontrola, o bêbado é expulso do ônibus. Minutos depois, o cobrador liga para o irmão e diz bem alto para o motorista que sua família terá que sair de casa, a Defesa Civil mandou evacuar. É área de risco.

Diante de um acidente, uma velhinha diz: Esse povo só se acidenta na hora do rush… É sábado.

Hoje tem jogo! Os torcedores caminham até o estádio, cantam, gritam o nome do time, latas de cerveja de milho na mão. Misturam-se aos que se exercitam na ciclovia, assobiam e mexem com as mulheres de calça de ginástica. Uma caminhonete do Choque, com as sirenes ligadas, abre caminho na avenida. Na falta de guerras totais, os homens esticam seus músculos na pancadaria sectária: nós que temos camisas verdes odiamos os que têm camisas alvinegras.

Numa loja de artigos para casa, na prateleira: uma garrafa térmica com seis copinhos. No cartaz: NOVIDADE! VESSEL COM SEIS PODS, R$ 300.

5 de março de 2015

Ascensão e queda da coxinha de frango

O simpático salgado de padaria virou campo de batalha. Que homem ou mulher de consciência hoje seria capaz de comer uma coxinha sem meditar sobre as graves questões nacionais? O francês comia seus brioches e pensava em Maria Antonieta. Hoje, ao comer croissants, certamente deve pensar no islã, em hijabs nas escolas e no ataque ao Charlie Hebdo: o formato de lua imita o Crescente para celebrar, dizem, a derrota dos muçulmanos no Cerco de Viena (1683). Ou a derrota do califado Omíada na Batalha de Tours (732), ninguém sabe ao certo. O fato é que o croissant também é campo de batalha: os jihadistas o proíbem, os Le Pen devem comer com um gosto *plus perverse*.

Comer é um ato cognitivo. O verbo saber quer dizer também sentir pelo paladar. Daí que possamos dizer que uma feijoada sabe bem, assim como um sociólogo sabe bem. A equivalência entre o sociólogo e a feijoada pode resultar em coisas bastante desagradáveis. No fim, todo sistema é digestivo.

Qual brasileiro tomará seu cafezinho pingado, aliás, sem se lembrar da Política do Café com Leite? Não vem daí a expressão que os moleques usam para se referir aos que participam do jogo sem fazer diferença, aos que não brincam à vera? Fulano é café com leite. Não conta. Vivi a infância sendo café com leite no futebol. O Brasil viveu 36 anos de alternância de poder: Minas Gerais São Paulo São Paulo Minas São Minas Paulo Minas São Gerais. Não conta? Claro que conta. Não se contam votos como se contam gols. Tem coisa que conta na política que nem os moleques levam em consideração.

Os historiadores futuros, pelo menos os mais inspirados, tentarão entender a coxinha de frango para compreender o momento presente. Ainda que se perca a sagrada receita desta iguaria, dedicarão seminários e congressos à reconstituição da verdadeira coxinha do começo do século XXI, como hoje tentam reproduzir a madeleine exata do Proust. A epistemologia enfim retornará às origens: uma aula de história se parecerá com um programa televisivo de receitas. Eu, por mim, dou boas-vindas. Gosto de comer, gosto de cozinhar, nada tenho contra apresentadores de programas matutinos e seus papagaios. O bolinho é importante.

A história que nos contam é a seguinte, caro historiador futuro e faminto: lá pelos inícios de 1900, vendiam-se coxas de frango fritas nos botequins de São Paulo. Você sabe que industrializar dá uma fome do capeta. O proletário precisa comer. Depois, os donos de boteco descobriram que podiam cobrir a coxa com massa de batata. Ficava uma delícia, mas sobrava o osso. Depois, viram que era mais barato dispensar a coxa e o osso: passamos a rechear a massa com partes duvidosas e desfiadas do frango. E aqui estamos, sem saber se é frango mesmo. Uma coxinha honesta custa os seus três reais, a depender da flutuação do dólar.

Atualmente, existe toda uma linha de pensamento culinário devotada à melhora da coxinha: recheiam-na com queijo cremoso, com carne de codorniz, com o peito triturado do faisão ou do emu — ou da ema, se a moda for culinária regional. Em restaurantes famosos, tem coxinha de jacaré e javali. A coxinha sempre foi um alimento das classes menos abastadas, você sabe. Aí não pode. Quando a gente aflui, a coxinha vira coisa de plebe. E a gente aflui, aos trancos e barrancos, meu caro historiador, mas a gente aflui e afluirá, se Deus e a Dilma permitirem e a inflação não comer. A inflação come qualquer coisa, parece um bode.

Na primeira década deste século, coxinha virou alcunha. O sujeito é coxinha quer dizer: é um janota, um filhinho de mamãe & papai, um almofadinha. Quer dizer: o sujeito deve ter lá as suas visões conservadoras, para conservar para sempre as suas confortáveis almofadas.

A origem do termo é controversa. Uns dizem que é porque a polícia costumava comer coxinhas, tal qual os *cops* comem *donuts*. Como a classe alta tem muito medo de bandido, e bandido bom é bandido morto (ladrão se pega com tiro: ver o poema do Drummond, vocês ainda leem o Drummond?), acabou associada à polícia. Outros dizem outras coisas. Os motoqueiros, por exemplo, têm toda uma hipótese etimológica diferente. Eu tenho o meu palpite, mas não vem ao caso.

O caso é que hoje ficou difícil comer coxinha em total impunidade. Será um ato político? Nos círculos bem pensantes, há um movimento de migração em massa para os pastéis, baurus e enroladinhos de salsicha. É preciso encontrar um alimento ideologicamente correto. E a gente sempre tem que estar alerta para os malefícios do colesterol alto. Maldito, mil vezes maldito seja o colesterol alto. Hoje em dia não se pode fritar mais nada.

19 de março de 2015

Para o Eduardo

1. O carioca é um sujeito de coração calejado. Eu sei: todos temos um coração meio baqueado neste país esquisito, mas eu calhei de nascer no Rio de Janeiro. As ruas em que não andei também são a minha sujismunda rua Machado de Assis, as favelas sou eu, as praias próprias e impróprias sou eu, os condomínios do Leblon sou eu, as quitinetes dos travestis de Copa sou eu, aquelas casas inacessíveis do Joá sou eu, até Niterói sou eu, até a Barra. Longe sou eu, perto sou eu. São Paulo sou eu também. O Brasil sou eu também. O Chile sou eu, Londres sou eu, Buenos Aires sou eu. Mas nasci no Rio, ele é a fonte do amor que sinto pelos lugares em que vivi. Se amo o asfalto da Pauliceia, é porque aprendi o asfalto nas ruas do Méier.

Eduardo é o nome do meu irmão mais novo. Como a cidade em que nasci, o meu irmão é a fonte do amor que sou capaz de sentir pelos homens. Se amo os irmãos que tive ao longo da vida, é porque aprendi irmandade com o Eduardo.

2. Estive ausente. Não queria pensar muito no Rio. As notícias que me chegavam da cidade pareciam déjà-vus: os garis

entraram em greve, como no Carnaval retrasado, largando a cidade em iminência de se tornar um delírio de Artur Barrio (Não mais o lixo nas ruas, mas sim: lixo no interior dos bancos, lixo no interior das sedes governamentais ÀS TONELADAS). Tudo no Rio retorna, é uma cidade nietzschiana como a peste. Não me surpreenderia se a febre amarela voltasse. Não me surpreenderia se eu mesmo voltasse para lá. Mas a morte do Eduardo me surpreendeu.

Eu estava fumando um dos meus raros cigarros quando vi o vídeo. Os nervos dos olhos contraíram o coração, que por sua vez contraiu os meus pulmões: nunca mais vou me livrar da fumaça daquela tragada. Vai apodrecer dentro de mim. Vai se tornar um naco empedrado de fumaça que levarei comigo até o fim. O coração do carioca é calejado, mas a cidade dá um jeito de metastasear em outros órgãos.

3. Estive olhando fotos velhas. Eu e meu irmão quando crianças numa sorveteria, por exemplo. Sempre fiz careta para as câmeras, meu irmão sempre foi mais sério. Na minha camiseta estava escrito *canibals*. Ou outra: eu e meu irmão sentados numa estrada de terra. Se a cor da pele de um de nós fosse diferente, a foto pareceria uma versão, por outro ângulo, da capa daquele disco do Clube da Esquina. Mas somos os dois muito branquinhos.

É obsceno o contraste entre as nossas fotos de infância e a foto do Eduardo, caído torto, Eduardo de Jesus Ferreira, dez anos de idade, baleado na porta de casa durante uma operação da Polícia Militar, no Areal, no Alemão.

Eu e meu irmão estamos vivos. Diante disso, toda e qualquer morte que tivermos será ridícula — mortes deprimentes, mortes glorificadas, mortes insignificantes. Nunca morreremos assim. É obscena a não equivalência dos eduardos.

3 de abril de 2015

Travadinha

Tenho amor por Cabo Verde, embora nunca tenha pisado lá. Sei bem quando e como começou esse amor: um dia na faculdade me fizeram ler um ensaio da Dina Salústio. Era sobre a literatura cabo-verdiana, sobre a condição insular daquele povo, sobre o não querer mas precisar ir embora — antes de qualquer outra visão, surge-nos o mar enorme e sem fim, ditando o rumo, traçando rotas, revelando distâncias, marcando o silêncio. Me reconheci de imediato. Também sempre fui um garoto de ilhas, roubado de espaços abertos. Também sempre tive que ir embora, para abrir espaço. Cabo Verde é um dos lugares que não quero morrer antes de visitar. Hoje não tenho dinheiro para ir, nem terei tão cedo. Mas um dia talvez. Talvez eu vá viver uns anos na Ilha de Santo Antão, para ficar olhando o céu e esperando a chuva. Santo Antão é um dos meus padroeiros, um santo do deserto, para quem até escrevi oraçõezinhas (santo antão, santo antão, me leva pro deserto. lá é meu lugar. pra que deus nem ninguém venha me incomodar.). Ou talvez eu construa uma casinha em Janela, a aldeia com o nome mais bonito do arquipélago, também chamada de Pontinha da Janela, que é ainda mais lindo. Foi na Pontinha da Janela que nasceu o Travadinha.

Travadinha é Antoninho Travadinha, nome artístico de António Vicente Lopes. Antes de mais nada: que Santo Antão nos conserve sempre como povos que amam o diminutivo, nós brasileiros e cabo-verdianos, gente com carinho na língua, que chama seus poetas de poetinha e seus dengos de amorzinho. Antoninho Travadinha foi um dos maiores músicos de Cabo Verde. Autoditada, aos nove anos de idade já era reconhecido no meio musical do Mindelo, para onde se mudou aos sete. Tocava violino, viola de doze, cavaquinho e violão. Sobretudo tocava mornas e coladeiras, ritmos cabo-verdianos que qualquer amante do samba ou do choro vai reconhecer como seus também. Travadinha morreu em 1987, aos 49 anos de idade, no auge da popularidade, logo depois de sua primeira turnê fora do arquipélago, em Portugal.

Basta procurar seu nome nos sites de vídeo e música. É difícil encontrar seus discos completos na internet, que dirá comprá-los por aqui, mas há diversas amostras do colosso matutino que era o Travadinha. É música feita da substância mesma das manhãs: canções luminosas, pequenas e gentis como essa hora do dia, logo antes de um almoço preguiçoso. Não sei de onde vem essa minha impressão. Um dia li que o cérebro guarda melhor as memórias de tempos alegres e as recorda com mais facilidade quando estamos alegres. Pode ser uma boa explicação. Me sinto mais feliz pela manhã. E sempre gostei de ouvir o Travadinha aos sábados e domingos, tomando um café lento, pensando no que fazer à tarde ou num poema qualquer do Jorge Barbosa, outro cabo-verdiano. Pensando em ir à praia ou de repente pegar um navio. O drama do mar/ o desassossego do mar/ sempre/ sempre/ dentro de nós. Mas talvez seja mesmo o caso contrário: o Travadinha é que faz a manhã. Você ouça e depois me diga.

22 de abril de 2015

A vida é maior

1. Aí você me disse que a vida é maior. Ou fui eu? Você disse, sim, tenho certeza. A vida é maior. Eu olhava para a avenida. Noite. Os prédios e as torres de rádio todas acesas. Não estamos tão bêbados, mas eu pergunto se a vida é maior que a avenida. Você diz que a vida é maior que a avenida.

A vida é maior que São Paulo?

É maior.

A vida é maior que a Floresta Amazônica? Maior que uma garrafa de vinho? Vinho do Porto, vinho branco? Maior do que um filhote de labrador? Um pacote de fraldas? Uma caminhonete esportiva? Maior que a *Guernica* de Picasso? Maior que o Campeonato Brasileiro? Maior que a BR-116? Maior que a estrada de Damasco? É, você disse, a vida é maior que tudo isso.

A vida é maior que Liu Yutian, o primeiro homem a percorrer toda a Muralha da China? A vida é maior que a Muralha da China? A vida é a única coisa construída pelo homem que os astronautas conseguem ver do espaço sideral?

Você não responde. O barulho dos carros e ônibus, o metrô tremendo sob o asfalto. Os músicos de rua.

2. Agora é você quem pergunta. Você me pergunta se a vida é maior que a Muralha da China, mas eu nunca fui à China. Nem ao espaço sideral. Você me pergunta se a vida é maior que um livro de Tolstói. Eu acho graça. A vida é maior que um congresso de odontologia? A vida é maior que a biografia do Joseph Beuys? Maior que um apartamento em Higienópolis? Maior que um pen drive? Maior que o Planalto Central? Maior que uma xícara roubada de um café de Madri? Maior que aquela música do Milton Nascimento? Maior que o lixo ocidental? Eu sei, vocês não vão saber.

A vida é maior que o Pico das Agulhas Negras? O Pico das Agulhas Negras tem 2791 m de altitude, você diz. A vida é maior que o sexto ponto mais alto do país? É, eu digo. Muito maior.

Maior que a praia de Copacabana? Aí já não sei. Meu amigo Dimitri diz que tudo o que tem no mundo tem em Copacabana. A vida é maior que a conta de luz? Maior que os teus 27 anos de idade?

Maior que os teus?

6 de maio de 2015

Breve guia do Rio de Janeiro para o turista carioca

Você nasceu e costumava viver no Rio de Janeiro, agora não mais. Você faz parte de uma esquisita diáspora, uma geração inteira que foi embora e não sabe explicar direito o porquê: falta emprego, falta dinheiro, falta... falta alguma coisa, um jenecequá. Sei lá. Algo se perdeu. Ninguém acredita.

Mas um dia você tem que voltar, nem que seja para uma visitinha. Um café, um almoço. Este guia é para você. Este guia é dedicado à Cristina Flores e ao Dimitri Rebello. Dois dias.

DIA 1, MANHÃ

Você desembarca na rodoviária Novo Rio às seis e meia da manhã, depois de sete horas de viagem e um ano e pouco de ausência. A Novo Rio foi reformada, mas as luzes fluorescentes não disfarçam a desolação típica das rodoviárias. Os taxistas ainda gritam oferecendo táxis superfaturados. Os viajantes também são os mesmos: gente de sabe-se-lá onde, gente dormindo no chão, gente empoeirada, caixas eletrônicos.

Você ainda tem amigos aqui. Você veio ver os seus amigos. Você ainda guarda amor por certos lugares, você veio atiçar certos fogos.

Você pega um ônibus para o Flamengo e decide saltar antes do ponto, na Glória. Você quer andar. Você anda pela rua do Catete. Faz um pouco de frio, mas jajá sai o sol. Ninguém precisa de calças compridas aqui. Você caminha até a praia do Flamengo, até a rua Machado de Assis, onde você morava.

Você reconhece o porteiro do seu velho prédio. Antes ele era zelador, agora vestiu camisa social azul e sapatos, subiu de vida. Você não subiu de vida. Você fica com vergonha de ir lá falar com ele e vai tomar um café no boteco da esquina. Você anota suas impressões num bloquinho, mas é tão ridículo anotar qualquer coisa. A louca da rua (você se lembra da louca da rua), de vestido surrado e quilos e quilos, discute sozinha, também toma um café, mas o café dela é com leite e açúcar. Suas impressões não valem nada. Você adquiriu a frieza de paulista da qual falava o Mário de Andrade no Carnaval carioca.

Você vai até o deque da praia do Flamengo e deita no banco de madeira para descansar um pouco. Urubus passam a toda. Tem um mendigo dormindo no mesmo banco que você, a alguns metros de distância. Velhinhas com roupa de esportista falam de aluguel e seguro de incêndio. A praia acorda para fazer exercício.

Um senhor todo de preto contempla o mar. Acho que você esqueceu que as pessoas contemplam o mar assim no Rio, sem medo de parecerem bobas. Nesse deque você viu as coisas mais bonitas, você inclusive já declarou ser um escritor desse deque, mas você perdeu a coragem da contemplação. Deite-se como o mendigo. O perfume da baía podre da Guanabara.

Você decide ir andando até Copacabana. É preciso ganhar tempo. Você não quer acordar os amigos que vão te hospedar. Copacabana. Copacabana. Copacabana. Copacabana dá a sensação de cidade pequena. Província. Todo mundo se cumprimenta, travecos e velhinhos. É quase meio-dia.

DIA 1, TARDE

A casa da Cristina, que te deu o amável abrigo, é a visão dos *Jardins portáteis* dela. Uma casa orgânica. Você não assistiu aos *Jardins portáteis*, mas sabe que era um espetáculo orgânico, sabe que a Cristina e os meninos fizeram algo que chacoalhou a sua geração. Mesmo você, que na época estava afundado no seu jardinzinho de varanda paulistana, sentiu o baque.

Você se lembrou daquela entrevista do Michael Marder em que ele diz que o tempo de pensar o homem como animal político passou; a onda agora é pensar o homem como planta política. Nós precisamos nos voltar para um modelo vegetal de política, não mais organismos individuais subordinados a um todo coerente, mas a proliferação anárquica de multiplicidades, de galhos e gravetos que mantêm sua semi-independência enquanto participam do crescimento geral da sociedade-planta. O ser humano é o ponto de interseção de diversos tipos de existência. A gente ainda não entendeu isso: se entendêssemos, não estaríamos neste quiproquó climático.

Você acabou de ler o *Casa*, o livro que-vem do Mariano Marovatto. Você escreveu sobre esse livro, que dói muito. O Mariano um dia disse que a casa é o mundo. Você ouviu numa música do Dimitri (ele também te dá o amável abrigo) que a vida é de viagem e a casa é o lugar onde se está.

148

Vocês vão de bicicleta até o Tacará do Norte, comer casquinha de caranguejo e tomar açaí na tigela. São dessas bicicletas públicas, com logo de banco na cestinha. O seu amigo diz que, apesar de tudo, gosta delas, porque privilegiam o uso sobre a posse. E você pensava em comprar uma bicicleta.

Depois vocês vão tomar café no Lamas. O Lamas é imortal como a primavera, já dizia o Manuel Bandeira. Depois vocês voltam — de bicicleta — para Copacabana e vão comer pastel no Pavão Azul. Você se lembrava de pastel de damasco, mas não existe pastel de damasco no Pavão Azul. Memória, cidadela de traições, já dizia o Machado. As ruas do teu Rio são todas citáveis.

DIA 1, NOITE

Você vai para a praça São Salvador, que daqui a uns anos será rebatizada de praça Ismar Tirelli Neto. Você encontra o Ismar, ele está preparando livro novo. Você ouve que a bandinha toca Cartola no coreto. Pela primeira vez você sente saudades da cidade em que vive e que não é o Rio. Você aprendeu a amar outra cidade e as pessoas daquela cidade. Você quer que todas as cidades sejam uma só e que quem está lá esteja aqui. Que todo mundo esteja aqui.

Você sempre foi meio estrangeiro.

DIA 2, TARDE

Você acorda depois do almoço. Você ouve o Michael Jackson cantando *They don't really care about us*. Vocês vão almoçar no Istambul. Você está se preparando para voltar para casa, mas antes tem a peça do Chacal, comemoração dos 25 anos do CEP 20000, dirigida pela Cristina. Você falou um poema pela primeira vez no CEP 20000, você estava nervoso e você nunca soube se vestir para essas coisas. A literatura não é um senhor de meia-idade numa livraria lendo um livro chatinho para a câmera. O eterno senhor de meia-idade, tão simpático. Você vê um amor antigo na rua. Você está se preparando para voltar. Onde está sua mochila?

DIA 2, NOITE

Você viu tanto teatro no Sesc Copacabana, de quantas peças você se lembra? Teve aquela chamada *Solano e rios*, do José Sanchis Sinisterra, mas o nome original não era esse. Você gostou tanto. Aquela coisa mambembe, solta, cheia de panos coloridos e picardia. Os personagens eram dois atores itinerantes. Fez cosquinha nos teus nervos nômades.

A peça do Chacal te deixou alegre. De alguma forma, você pertenceu à cidade. E agora você me vem com essa frieza de paulista? Os teus amigos te dizem: frieza de paulista tu sempre teve.

Vocês voltam para o Istambul, esfiha e pão árabe e falafel. Depois a saideira, la penúltima, no Panamá. O barman cola tampinhas na cara e fica atrás do balcão, sério, seriíssimo. Você quer tirar uma foto, mas fica com vergonha.

Você vai dar uma volta, precisa buscar sua mochila. Você vê a névoa na praia de Copacabana, o *fog* carioca é o mar voltando, a brisa gelada se vingando do calor do calçadão. Você precisa voltar. Depois da saideira, você precisa voltar. La penúltima, como dizem os argentinos.

DIA 3, MADRUGADA

Já no ônibus, passada a fronteira, você se lembra do mendigo em meio aos cães. Foi na praia do Flamengo, na manhã do primeiro dia. Você estava andando, quase em Botafogo. Os cães brincam, os donos papeiam e o mendigo fala sozinho enquanto bebe cachaça. Ele diz, quase grita: Tua família vai trair. Brasileiro é traidor! Teu filho vai trair, mas esse aí ó... — e aponta para um cachorro — Esse aí nunca.

21 de maio de 2015

Cidades, cidadinhas, cidadãos

1. Eu nunca tinha caminhado pelo Minhocão. No domingo retrasado, fui ao mercado de pulgas: o povo estende umas cangas no asfalto e vende/ troca os mais inúmeros cacarecos, livros, sapatos velhos, aquelas câmeras digitais de disquete. Tem barraquinha de sabonetes e brigadeiros artesanais, pavês cheios de guéri-guéris, bolos e hidromel caseiro. Tem moça passando com tabuleiro de bolo espacial. Tem o indefectível isopor de água de coco. Tem estudante de Humanas tentando se desfazer da bibliografia. Tem roda de capoeira. Tem abaixo-assinado para transformar o elevado em parque. Quem assinava ganhava um sorvete.

Não comprei nada, não assinei nada, só fiquei olhando. Os arranha-céus à altura dos olhos, o chão de verdade dez metros abaixo. Bicicletas na pista de lá. A certeza involuntária de que, se por algum sortilégio o relógio avançasse algumas horas e eu de repente me visse num dia útil, certamente seria atropelado.

2. Quando eu vivia no Rio, costumava andar pelas pistas do Aterro do Flamengo, que aos domingos também ficam fechadas para carros, mas lá nunca senti o que senti aqui. A presença da

praia, que a gente nunca consegue ignorar completamente, anula a impressão de que estamos caminhando em um local avesso ao pedestre. A faixa de areia sempre ameaça invadir tudo, como nos dias de ressaca forte. E a areia é dos pés, foi feita para a caminhada. Para um praiano, carro na areia é uma quebra de expectativa, fica engraçado. O rali Dakar é comédia.

Em São Paulo, por outro lado, é a presença do carro que a gente não consegue ignorar. Por isso, andar no Minhocão parece uma conquista do frágil corpo humano, quase uma perversão metropolitana.

Caminhando no Minhocão, eu me sinto como aquele garoto que, há coisa de dois anos, apareceu num telejornal carioca descendo o elevado da Perimetral de velocípede — junto com os carros. O moleque erguia os braços em sinal de vitória.

3. Adoro esse moleque. Não sabemos seu nome nem onde morava. Não sabemos de quem era o velocípede, se era dele, de um primo, se o encontrou na rua. Não sabemos se as pessoas que imploidiram o elevado se lembraram desse subversivo menino na hora de apertar o botão da ruína. A reportagem, em respeito ao Estatuto da Criança e do Adolescente, borrou seu rosto nas imagens. Ficou o braço vitorioso, ficaram os pés felizes. Não sei se os carros buzinaram ou se estavam admirados demais para isso. O mais provável é que buzinaram. Outras reportagens foram atrás do garoto, sobretudo dos pais, mas eu preferi não ler.

Esse moleque é o pesadelo de Le Corbusier, que em seu *Cidade radiante* disse que na cidade ideal ele e sua secretária morariam a trinta quilômetros do escritório, a sessenta quilômetros um do outro: Nós dois teremos carros, gastaremos pneus, desgastaremos as rodovias, consumiremos óleo e gasolina. As gaiolas de ferro e vidro, gaiolas enormes e bonitas como óculos espelhados! Nós já vivemos no pesadelo de Le Corbusier. O nosso menino é o pesadelo dentro do pesadelo. Ele é o contraveneno.

A cena do garoto no velocípede é uma lição de urbanismo. Ao vê-la, descobri como viver numa metrópole, qualquer uma: a São Paulo das ciclovias, o Rio da baixa-mar olímpica, o Recife do Estelita, tantas outras que eu nem sei. Viver a pé — ou de velocípede (os paulistanos e a Faísca me contam que o nome disso é triciclo).

Sempre sofri cidades como se fossem doenças incuráveis; é bonito ver que aos poucos alguns citadinos vão tentando injetar vida nas artérias de asfalto. Bonito ver que nós mesmos somos o antídoto. Nós, os homens em escala de homens. Os homens de rosto borrado e pés felizes. Cidades, cidadinhas, cidadãos.

5 de junho de 2015

Adeus às coisas

1. Entendo os faraós. Tutancâmon morreu adolescente e foi enterrado com vários cacarecos: tecidos, colares de concha, cadeiras, mesas, banquinhos de cozinha, espadas sem fio, adagas cravejadas de strass, fitinhas do Senhor do Bonfim e livros, muitos livros. Certo estava Tutancâmon. Vai saber se na vida de lá a gente não precisará reler o "Inferno" de Dante para se guiar.

Arrenego de quem diz que da vida não se leva nada, só a alma. Só os desalmados não veem que as coisas também têm a alma delas. Não preciso ser enterrado com nada, aliás prefiro ser cremado, mas quando eu morrer quero que toquem fogo nas coisas que amei. A fumaça dos meus cadernos de escola terá a alma da minha infância. As cinzas da minha carteira de trabalho lembrarão o tanto-tempo que vendi para os meus semelhantes em troca de comida. As cartas de amor, como é que não têm alma as cartas de amor? Nem é preciso ir tão longe (o amor é longe): as mensagens de celular também têm alma. Olha bem. Um telefone não é só carcaça.

2. Meu computador está morrendo. Depois de dez anos de vida, ele começa a dar sinais de senilidade: os dentes apodrecem (uma tecla de Ctrl caiu, outras não funcionam mais), a webcam está caolha, os microfones não ouvem tão bem quanto costumavam... A máquina na qual escrevi todos os meus livros e que me viu morar em três cidades diferentes, as teclas onde deixei as gorduras dos meus dedos, meus dedos de homem, que há bem pouco tempo eram dedos de garoto. Você pode dizer que o brilho azul-leitoso deste monitor não é uma alma como a sua ou a de García Lorca — mas, se é algo menos que alma, é algo mais do que brilho.

É mais fácil conceder alma a livros, medalhas, fotos, sinos ou joias. São objetos feitos, em princípio, para durar. Entender que os trecos descartáveis que inventamos também têm mistério demanda um salto maior. Celulares e laptops são fabricados sem drama: dali a alguns meses serão substituídos por outros modelos, mais potentes, mais tecnológicos. Esse é o combinado. Mas nós fazemos isso de propósito. Na Califórnia existe uma lâmpada com nome poético, a *Centennial Light*, que está acesa há 114 anos. Uma senhora nascida antes da obsolescência programada.

3. Em breve nós ouviremos falar de um livro chamado *Vibrant Matter*. Os americanos e os europeus o adoram, logo logo vai chegar aqui. Foi lançado em 2010, pela filósofa Jane Bennett, que passou anos pensando naquelas pessoas que guardam tudo, até as coisas mais irrelevantes: pacotes de bala, potes de danoninho, fitas VHS, latinhas de Coca-Cola. Eles também veem alma nas coisículas.

Jane Bennett quer pensar calmamente: por que dividimos o mundo em duas categorias, as coisas (a matéria crua e dura) e a vida vibrante (nós, os Seres)? Ela quer que nos lembremos da vitalidade das coisas, dos poderes vitais da matéria supostamente inerte. O lixo que gera tempestades de metano, os ácidos intestinais que alteram os humores dos homens. O et cetera todo.

Ela quer dizer: quando pensamos nas coisas só como instrumentos, a nossa sanha de consumir e destruir não tem limites. Precisamos reeducar nossos sentidos, porque há potências não humanas ao nosso redor (e dentro de nós), que nos definem. Ela quer fazer uma pergunta política, apocalíptica: como reagiríamos aos problemas atuais se considerássemos, à vera, a vitalidade da matéria?

Jane Bennett, claro, é mais rigorosa do que eu, que não sou filósofo. Mas e se imaginássemos a alma do petróleo?

Meu computador, quase todo feito de derivados do petróleo. Eu acenderia uma vela para ele. E outra para a nossa alma inflamável.

6 de julho de 2015

A mulher mais triste do mundo

Num bar da praça mais alegre de São Paulo vive a mulher mais triste do mundo. Mora no andar de cima, um quartinho contaminado pela barulheira dos bêbados e do jukebox.

A mulher mais triste do mundo passa a noite inteira sentada numa cadeira, na frente dos banheiros, balde e esfregão a postos. Seus olhos estão sempre perdidos num ponto alto do ar, até mesmo quando fala com você, mas ela não é cega. É impossível.

O poeta Leonardo Gandolfi, quando a viu pela primeira vez, achou que ela estava passando mal. Perguntou um tudo-bem, a mulher mais triste do mundo respondeu que estava esperando dar a hora de limpar os banheiros. E se calou.

Outro dia fui a esse bar com o Leonardo. Ele me preparou para o que eu veria, mas eu nunca estaria preparado. Lá estava ela, sentada esparramada ao lado das pias que a crise hídrica secou. O esfregão dentro do balde, encharcado em um restinho de água suja.

O espelho me deu, de relance e meio sádico, o meu próprio rosto — branco, barbeado, um rosto que já vai ficando velho, mas ainda tem um restinho de garoto. Olhei para o chão, porque nunca sei mesmo para onde olhar, e vi: a mulher mais triste do mundo calçava tênis rosa-choque.

A mulher mais triste do mundo calça tênis rosa-choque. Não sei se ela é mesmo triste ou se foi a conjunção do meu rosto, o dela e os tênis que me deixou assim. O ambiente sempre meio degradado dos bares, qualquer bar...

Se ela é triste, só pode ser daquela tristeza que há anos não precisa mais chorar. A tristeza dos cemitérios e das rodoviárias. Talvez seja feliz. Talvez a sua imobilidade seja êxtase e seu laconismo, desdém pelos homens que não veem o que ela vê naquele ponto perdido no ar. Talvez seja uma dessas santas católicas que hoje em dia já não viram estátuas, porque a época delas passou. A absoluta solidão dos penitentes no deserto. Ou talvez seja uma questão de ponto de vista.

No banheiro, entreouvi meninas fazendo festa para a mulher mais triste do mundo, dizendo seu nome com aquela condescendência amável que destinamos a quem limpa os nossos banheiros — sobretudo quando não somos nós mesmos.

Não lembro o nome e, se lembrasse, não o escreveria aqui. Talvez o triste seja eu. Desde aquele dia, tento entender a mulher mais triste do mundo. Fiz uns retratos, de memória. Rabisquei muita imagem incompreensível. Fotografei os meus próprios tênis de corrida (são azuis), a ver se fazia sentido. Ainda nada.

Quando saí do banheiro, a mulher mais triste do mundo me disse "Não tem água, mas tem álcool" e apontou para o frasco de álcool em gel. Fui obrigado, novamente, a me olhar no espelho. Quis perguntar qualquer coisa, não pude, porque ela se levantou, arrastando o esfregão e o balde, e foi lavar o banheiro feminino. Era a hora.

20 de julho de 2015

Os traidores da espécie

No dia 31 de julho de 1977, o escritor Alberto Pimenta se trancou numa jaula do Palácio dos Chimpanzés do Jardim Zoológico de Lisboa. Gosto muito das fotos desse *happening*: numa, está o Alberto lá sentado, de braços e pernas cruzadas, camisa e calças de homem-feito, sandálias. Olha para nós, estoico. Noutra, quase sorri, no gesto de quem toma um cafezinho, enquanto na jaula ao lado um chimpanzé se agarra às barras de ferro, derramado, um vivo pensador de Rodin.

Quando moleque, eu tinha um pavor transcendental de chimpanzés. Todos os grandes primatas me assustavam. São tão parecidos com os homens! Há poucos milhares de anos, nós éramos assim. Mas e Eurípedes, e Cervantes, e Machado de Assis, como ficam? Primatas com tinta sobrando, nada mais. Essa ideia me perseguia. Um chimpanzé de terno e gravata (tão bonitinho, haha!) era o meu pesadelo de juventude.

Cresci e conheci o senhor Pimenta (cidadão nacional nº 727 697, soldado sem instrução), que escreveu o *Discurso sobre o filho-da-puta*, um título que fica bem em todas as línguas, sobretudo no italiano: *Discorso sul figliodiputtana*. De vez em quando me lembro do Alberto e seu livro universal (o único livro universal que eu conheço, aliás): o grande filho-da-puta/ tem uma grande/ visão das coisas/ e mostra em/ tudo quanto faz/ e diz/ que é mesmo/ o grande filho-da-puta. Vocês desculpem o linguajar. É um insulto de uma outra era.

Recentemente me lembrei do Alberto quando soube do caso do dentista-caçador de Minnesota que matou o leão Cecil, símbolo simbático do Zimbábue. Um grandessíssimo espécime dos quais falava o senhor Pimenta, que, pela agudeza científica ao classificar os filhos-da-puta, devia passar a ser chamado de dr. Pimenta. Mas ele detestaria se o apelido pegasse. Pomposo demais.

Somos uma espécie matadora. O *Homo sapiens* veio dizimando todo mundo no caminho até o iPhone, desde os neandertais até o rinoceronte-negro-ocidental, o *Diceros bicornis longipes*, declarado extinto em 2011. Somos *killing machines*, somos o *disaster movie*. Nós somos a catástrofe. Quando me explicam o quão desumano é matar um leão por esporte, nego e renego. Coisa mais humana não há. Talvez seja um ato pouco leonino, mas não sou leão para saber. As desumanidades todas que cometemos: humanas, divina e cristalinamente humanas.

É preciso trair a espécie, trair fundamente a espécie, para que nasça um *Homo sapiens* rebelado, insubordinável às obrigações sanguinárias. Um homem que se tranca na jaula dos chimpanzés. Um chimpanzé de terno e gravata. Vá lá, sem gravata.

3 de agosto de 2015

Diário da seca

A caixa do supermercado virou para mim e perguntou "Sabe quando vai chover de novo? Só na quinta da semana que vem!". Hoje é terça, dia 18 de agosto de 2015, e eu nem lembro a última vez que choveu em São Paulo. Dizem que faz mais de um mês. Não importa, porque quando chove, é pouco. Só me lembro de ter ouvido duas trovoadas este ano.

Meu nariz agora sangra com frequência. Os olhos estão sempre ardendo. A pele está mais enrugada. Não estou ficando velho tão rápido assim. É a seca.

Meses antes de eu vir morar em São Paulo, há quase dois anos, o terror da Crise Hídrica já estava sendo tocado na população. O nível dos reservatórios despencava, era preciso fazer alguma coisa, os governantes, a reeducação do povo, a economia! Especialistas alertavam para o êxodo iminente: primeiro, as indústrias sairiam do estado; a população rica iria atrás. A maior cidade da América Latina ficaria entregue aos miseráveis, aos cactos e aos hippies das hortas comunitárias.

O descalabro climático se uniria aos séculos de descaso metropolitano para criar a tempestade perfeita: um céu sem nuvens sobre torneiras sem água.

Passei meu primeiro verão paulistano com medo, imaginando que enfim os catastrofistas teriam seu dia de eu-não-disse?: o fim do mundo começaria aqui. A ironia cósmica dos alemães desabaria em São Paulo, uma cidade com o epíteto terra da garoa terminaria seus dias como deserto. São Paulo, nascida entre rios hoje mortos, com um destino inteiro ligado à água, se acabaria em pó e asfalto seco. Naquele verão, choveu, alagou, mas não sanou.

Aí a Crise veio. Primeiro volume morto, segundo volume morto. Todo dia de manhã, eu considerava o fato de estar tomando café de volume morto, limpando a cara com volume morto, lavando as roupas com volume morto.

Aqui em casa, ainda não teve racionamento. Sou um espectador privilegiado da Crise. Fiquei sem água durante um dia só, desesperado com o calor paulistano, que cola na pele, um calor denso e sem suor. Vinte e quatro horas lembrando que há bem pouco tempo tinha campeonato de natação no Tietê.

Cortaram a água de quase todos. Nos bairros altos, velhos e inválidos morriam à míngua. Nas periferias, semanas de desabastecimento. Nas cidades do interior, caminhões-pipa eram escoltados pelas forças de segurança. Enquanto isso, os homens do governo negavam tudo.

Nos primeiros auges da Crise, eu costumava ouvir com avidez as notícias do rádio. Todo boletim meteorológico era seguido pelos números dos reservatórios, que aprendemos de cor: Cantareira, Alto Tietê, Alto Cotia, Guarapiranga, Rio Grande e Rio Claro. Quando davam dicas para economizar água, usavam vinhetinhas engraçadas e aquele tom de fatalismo otimista que sempre associei aos que têm a infelicidade de ser imbecis. Mas logo fui apaziguado pelo bom humor, porque também sou filho da terra, tenho direito ao meu quinhão de imbecilidade. Vai ficar tudo bem.

Os lambe-lambes e pichações, que antes diziam que não ia ter Copa, agora conclamavam banhos coletivos na casa do governador. No Carnaval, saiu um bloco cujo samba-enredo cantava que faltava água, mas não faltariam leite e mel brotando do chão, como nas Bacantes de Eurípedes.

Os bares passaram a usar copos de plástico para economizar na lavagem. Em pouco tempo, as notícias da TV explicavam que se gasta mais água para produzir um copo de plástico do que para lavar um de vidro. Mas a intenção era boa.

Os postos de gasolina e lava a jatos começaram a fixar cartazes dizendo que não usavam água da Sabesp para lavar os carros. Em janeiro, saí em expedição para fotografar esses avisos, prenúncio de que aprenderíamos a conviver com a Crise. Não era necessário mudar. Nós humanos sempre demos um jeito e sempre deu certo. Olha só como está dando certo.

O enredo da Crise paulista é bem parecido com o de A peste, de Camus. Primeiro os pequenos sinais (os ratos morrendo aos montes em Orã, a garoa desaparecendo na Pauliceia), depois os sinais maiores (os primeiros casos da peste, os primeiros alertas dos reservatórios) e o pânico (o fechamento da cidade, o racionamento). Em seguida, tem um pouco de desespero coletivo, um pouco de profecia, de atenção focada, mas tudo tende a se normalizar. É que nada é menos espetacular que um flagelo e, pela sua própria duração, as grandes desgraças são monótonas.

Hoje, ainda que não chova há mais de um mês, ninguém mais fala na Crise. O Alto Tietê entrou oficialmente em crise, mas as piadas, até elas, morreram — os futebóis implicavam uns com os outros dizendo "Perdeu, perdeu. Vai chorar na Cantareira". Ainda há racionamento. Os cartazes dos postos de gasolina, impressos para durar, ainda estão de pé. Ninguém deixou de lavar o carro. Já está claro que a Crise não é só culpa da seca, não é só culpa dos que governam; é também sinal dos novos tempos climáticos. Mas a espécie é difícil de manejar, a espécie sempre deu certo. Olha como está dando certo.

20 de agosto de 2015

Português

Para a Eliane,
com um beijo do sobrinho longínquo

Hoje me tornei oficialmente cidadão de Portugal. Eles não dizem isso quando lhe entregam os documentos: Você é oficialmente cidadão da República Portuguesa. Os funcionários do consulado estão ocupados, além do mais veem portugueses repentinos como eu o tempo todo. Não têm tempo para palavras ritualísticas. Deram-me o cartão de cidadão e já está: sou português.

Não me perguntaram se um dia pensei que viraria português. Não, nunca tinha pensado nisso. Um dia acordei e já está. Do mesmo modo, um dia nasci e era carioca. Do mesmo modo, um dia meus pais resolveram ir viver no Chile e virei chileno.

Outras coisas que não me perguntaram no consulado:

1. O que você é agora? Sou, desde antes, um hahai. Este é o nome que os nômades Afar, do Chifre africano, dão aos migrantes que atravessam o continente em direção ao Mar Vermelho.

Hahai quer dizer povo do vento — um nome bonito a ser dado por povos nômades. Mais vento que um nômade.

2. Você já viveu em Portugal? Nunca, mas meu tempo aqui em São Paulo se aproxima do fim. Ouço os anseios do mar, como o d. Dinis do Pessoa, já plantei as naus a haver.

3. Promessas feitas por poetas lhe parecem o bastante para migrar? Não, eu mesmo invento minhas promessas. Eu mesmo as nego. Só gosto desse poema.

4. O que você pretende fazer em Portugal? Tornar-me português. Reaprender as ênclises. Andar os 1230 km de costa a ver se, no final da caminhada, fiquei português propriamente. Tenho fome de identidade.

5. Não tem medo do desemprego? Sou formado em Letras. Graduei-me com medo. Só estou apto a trabalhar como tradutor de português para português.

6. Não tens medo da situação política? Não.

7. Tens um plano sólido? Não.

8. Tens todos os documentos? Tenho documentos demais. *Pick a card, any card*. Os documentos são a parte mais pesada da minha mala.

9. Brios o bastante para ser correspondente de guerra? Sim.

10. Trabalhar na colheita com os romenos? Sim.

11. Dinheiro? Nenhum.

12. Não lhe parece uma empreitada natimorta? Sim.

13. Não lhe parece melhor ficar onde está? Sim.

14. Você pode só passar as férias. Sim.

15. Você vai do mesmo jeito. Sim.

16. E o amor às raízes? Aos botânicos.

26 de agosto de 2015

A imagem inconsolável

O nome do menino era Aylan Kurdi. Tinha três anos de idade e um irmão chamado Galip (cinco), que também morreu afogado, junto com a mãe, Rehan. O único sobrevivente é o pai, Abdullah, que exerce a profissão de barbeiro. A família, de ascendência curda, vivia em Damasco, depois em Kobane, depois em Istambul. Tentaram cruzar o Egeu em uma balsa de borracha, com destino à Grécia. Os coiotes tinham prometido um barco a motor. Depois, os jornais publicaram uma foto dos meninos vivos, sorridentes, sentados no sofá com um imenso urso de pelúcia.

A foto sorridente será esquecida. Com o tempo, os detalhes perderão o contorno. A profissão de Abdullah. O nome de Rehan. A promessa dos atravessadores. Com o tempo, talvez nos esqueçamos até mesmo do pobre Galip. As palavras do pai — "Mesmo que você me dê todos os países do mundo, o que importa se perdeu" — só serão lembradas por obscuros historiadores. Ficará a foto. A imagem inconsolável.

A imagem inconsolável fincada na consciência do mundo. Conhecemos várias: o homem enfrentando sozinho os tanques em Tiananmen, Kim Phúc correndo do napalm que lhe grudou na pele, o homem de terno e gravata caindo do World Trade Center. Às vezes, a imagem é um nome: Amarildo.

A imagem inconsolável dá a ilusão de síntese, de um conhecimento bruto que devemos refinar, de caixa de Pandora. É só uma ilusão. A imagem inconsolável não sintetiza nada. Ela é irredutível. Tentamos penetrá-la com nossos discursos mais pungentes, mas estes nunca passam de clichês, fórmulas batidas, descrições mal ou bem-ajambradas. Os mais brilhantes pensadores são impotentes, as opiniões — meu Deus, as opiniões! — são ridículas diante da imagem inconsolável. O *Quadrado negro* de Malevich, nossa melhor tentativa de reproduzir *in vitro* uma imagem inconsolável, é reduzido a nada mais que tinta num pedaço de pano.

É obsceno tentar descrever uma imagem inconsolável. Ainda mais obsceno é manipulá-la. Vimos cartuns e fotomontagens com a imagem de Aylan, fofuras, poeminhas, tudo com a melhor das intenções. São homenagens, é o que dizemos uns aos outros, algo para nos consolar. Mas a imagem inconsolável é inconsolável. O poeta Ricardo Aleixo estava certo quando disse: "Poeminho e desenhinho fofos inspirados pela foto do menininho morto na praia... Quis não crer no que vi, mas, conhecendo o famoso ser humano como conheço, cri".

Imagine passar alguns minutos no Photoshop recortando o corpo do menino ou outros minutos copiando a foto a caneta. Não lhe sobe um calafrio terrível?

Mas nós somos os famosos seres humanos do Aleixo. Nós não nos aguentamos. Eu mesmo, este texto mesmo é obsceno. Eu mesmo, face à imagem inconsolável, sou inconsolável. Escrevo, apavorado como todos, diante do irredutível. Tento, como posso, amenizar o que vi. A melhor das intenções.

No dia em que vimos a foto de Aylan na praia, recebi meu passaporte português. A alegria da minha crônica anterior não cabe mais em lugar nenhum. O consulado me entregou (o passaporte chegou confortavelmente pelo correio) um instrumento de poder: passagem livre pela Europa, negada a milhões.

Desde a última "Milímetros", muitos brasileiros me perguntaram como se tornar, finalmente, europeus. Por outro lado, alguns portugueses deixaram bem claro que já há brasileiros demais por lá e que não precisam de mim. Eu, que não tenho casa em lugar algum, estava feliz por ter mais uma casa. Fui inocente. Não entendo muito bem o conceito de pátria, mas desde aquele dia, o dia em que adicionamos mais uma imagem inconsolável ao nosso arquivo, uma coincidência não saiu da minha cabeça: o meu passaporte tem a mesma cor da camiseta de Aylan na foto.

5 de setembro de 2015

Tranquilo e calmo

Existe uma passagem em *Os cadernos de Malte Laurids Brigge*, de Rilke, que me persegue desde que a li. Descreve as lojinhas da rue de Seine, uma ruela estreita de Paris, comercial, com negociantes de cacarecos, gravuras, malas usadas, brechós e pequenos alfarrabistas. Ninguém entra nesses estabelecimentos. Quando olhamos para dentro, porém, eles [os donos] estão sentados, estão sentados e leem sem preocupações; não se preocupam com o amanhã, não se inquietam com o sucesso, têm um cão, que fica sentado diante deles.

Às vezes, gostaria de comprar uma dessas vitrines repletas e me sentar atrás dela com um cão durante vinte anos, diz o narrador. Não é difícil entender por quê. Imagina. Vinte anos vivendo quieto, obscuro e tranquilo, tomando conta de um belchior em Paris ou na rua da Quitanda. Vinte anos sentindo o mesmo perfume de papel envelhecido. Um cliente aqui, outro ali... A amizade de um cão. Está aí um bom ideal de felicidade, caso você não tenha nenhum.

Acordar sempre à mesma hora. Conhecer os segredos mais velhos da meteorologia local. Cumprimentar os demais comerciantes da rua, que há tanto tempo compartilham a sua sorte. Passar a manhã ouvindo as notícias do rádio, uma vida inteira recebendo o mundo pelo rádio, cultivando afeto pelas vozes sem rosto. Quando um locutor é demitido, é como se um amigo partisse para tentar a vida em Curitiba. O que se há de fazer com o mundo? O mundo é tão maior que você, monstruosamente maior do que a sua lojinha... Para que se desesperar?

A imobilidade, a presença segura dos objetos à venda, o vaivém da rua, tudo isso uma hora se assentaria numa rotina confortável, capaz de enganar a solidão. O cão gosta de carinhos nas orelhas. Imagina. Você olha pela janela e já conseguiria enxergar os próximos dez anos. Uma década assentada. Você tranquilo e calmo.

No livro de Rilke, o narrador completa a descrição com um "Ah, se isso bastasse!". Porque não basta. Somos uns bichos inquietos, queremos subir, fazer, expandir. É por isso que os alfarrabistas da rue de Seine parecem tristes. Parece que, de alguma forma, abdicaram de sua humanidade, entraram em estado de caracol ou planta de sombra. E é pelo mesmo motivo que são bonitos. Sua vida miúda e quieta roça com o além-do-homem.

20 de setembro de 2015

O que sei sobre flores

Escuta aqui, nós, poetas aguados,
caminhamos hoje
por entre plantas de nomes
mui bem catalogados,
mas os quais desconhecemos
Ricardo Domeneck

Eu não tinha percebido a chegada da primavera. Não sou o tipo de cronista que senta no bar à tarde e adivinha as estações pelas roupas das moças que passam. Sei que é primavera porque olhei no calendário. Ando de cabeça baixa, quase sempre apressado, mal noto as flores caindo das árvores, às vezes no meu cabelo. As borboletas têm voado direto na minha cara com frequência, mas isso elas fazem o ano inteiro. Deve haver algo no meu rosto que as convida ao choque.

As amoreiras de São Paulo estão carregadas. Os pedestres às vezes param, apanham uma e comem, meio desconfiados.

Aos domingos, pais e filhos, munidos de cabos de vassoura com garrafas pet cortadas na ponta, vão para a colheita. É primavera. O frio deu trégua e todos os walt-whitmans ficam ouriçados. Esta é a época dos poetas explosivos. Invejo tanto os poetas explosivos!

Sou um garoto de plantas, por tradição familiar: meu avô era planta, minha mãe é planta, eu sou planta. Mas sei pouco sobre flores. Tem tanto escritor botânico por aí pela história que acabei pegando desavenças com as flores, embora as pobres não tenham culpa do clichê. Salto logo para os frutos e, entre a tulipa e a pinha, prefiro a pinha, que é uma flor mais crocante. Prefiro as avencas, que não dão flor e são de Nanã, a mais velha dos orixás. Enfim, fiquei ignorante em matéria de caprichos florais, mas talvez tenha sido melhor: pretendo morrer sem nunca ter comparado a amante à rosa.

Mas algumas coisas eu sei. Sei que imenso trabalho nos custa a flor, como no poema do Drummond, mas como não sou poeta me livro dessa hora extra, que aliás raramente paga bem. Sei que as flores de plástico são a abominação da raça humana, expressão do seu desejo mais feio de eternidade, como as frutas de cera são a vontade de negar o sumo que escorre do queixo.

Sei que as flores devem morrer, mas detesto os textos que falam sobre flores moribundas. Detesto powerpoints ilustrados com flores. Não entendo como a maioria das fotos de flores não mostra a terra embaixo, a terra enlameada, as unhas sujas do jardineiro que plantou a flor. Prefiro a terra nas unhas.

Entendo o porquê de cobrir os mortos com flores. No caixão de meu pai, havia um mar de florzinhas amarelas. Até hoje, adoro e temo as flores amarelas, porque foram o sinal da mortalidade de quem me engendrou e são a lembrança da minha própria impermanência. Quando eu morrer, não me enterrem em flores. Queimem-me.

Sei que as flores vendidas na porta dos cemitérios são para os mortos. E que é de péssimo tom dar flores de cemitério aos vivos, por mais bonito que seja o arranjo. Só dei flores às namoradas quando era adolescente, mas sei que o ritual de jogar o buquê para os solteiros é a reafirmação da vida. É a esperança balística da perpetuação da espécie: nosso destino jogado de costas, olhos fechados, para o alto e para trás. A semente atirada ao salve-se quem puder.

Gosto de roupas floridas, embora não tenha nenhuma. Gosto de lírios cor de laranja, porque são tão esquisitos. Gosto da maria-sem-vergonha, que cresce em beira de estrada, em vaso de jardineiros relapsos, em campos de futebol, em qualquer lugar. São um bom exemplo de vida, se esse é o tipo de coisa que lhe coça os nervos. Eu de exemplos estou farto, mas gosto da flor sem guéri-guéris. Prefiro assim. A total ausência de guéri-guéris.

Prefiro a pinha. Prefiro a casca do carvalho. O musgo. As plantas de pântano. Mas esta é a hora de vocês, poetas explosivos. Ó, walt-whitmans! Não me deixem falar sobre os lírios, eu estragaria tudo. A verdade é que sou planta de sombra. Sou avenca. Dou no inverno. Saiam às ruas. Esta é a sua hora. Atentem para o calendário e esqueçam o calendário. Esta é a sua hora. Cantem algo para nós.

5 de outubro de 2015

Me diz

O que fazer quando te dizem que a língua árabe tem letras solares e letras lunares, catorze de cada? Me diz.

O que fazer quando te dizem que agora é melhor se dedicar ao garimpo das coisas bonitas, que andar à cata de pontos de raiva já não nos serve de nada? Me diz.

E quando te dizem que a tua cidade natal está à espera, que tudo foi perdoado, que o asfalto sente falta? Me diz.

E que todas as suas fotos 3 × 4 serão perdidas na história dos arquivos nacionais, que a sua cara aos poucos será esquecida senão por um ou outro tataraneto curioso do passado familiar? Me diz.

E que, ao contrário das esperanças planetárias, não seremos nós a geração que invadirá Marte? Me diz.

Que o velhinho do 405, que tinha 98 anos e desejava saúde quando te via gripado no elevador, morreu para nunca mais ficar sentado na portaria olhando a rua nos dias de jogo do Palmeiras? Me diz.

Quando te dizem que já não há vinho nem cerveja, já não há dinheiro, já não há vontade nem livros novos a ler, nem paciência para o Tolstói, nem esperança nos Recursos Humanos, nem fronteiras a cruzar, só esse velho disco do Jackson C. Frank, em que ele canta *My name is Carnival?* Me diz.

Quando te cantam *When I'm not drinking, baby/ You are on my mind?* Me diz. *Try another city, baby/ Another town…?*

Quando te explicam o funcionamento de um pirógrafo? Me diz.

E o funcionamento do Congresso?

Me diz o que fazer quando te dizem que nada acaba.

Me diz.

O que fazer quando te dizem que foram ao zoológico e viram o leão? Que foram ao bar e viram o garçom se demitir no meio do expediente? Que foram a Bucareste e se lembraram de você? Que ainda guardam um ramo de cipreste? Que um dia os aeroportos serão gratuitos?

A coisa é que as letras solares e lunares do árabe só fazem sentido quando são ditas. A pronúncia é diferente, entende? Então você precisa me dizer.

21 de outubro de 2015

Dois poemas de Mumbai

Estive em Mumbai há alguns dias, participando do festival Tata de literatura. Fui apresentar meus livros, as fotos e os manifestos do fim do mundo. Mas, enquanto isso, fiquei de olho nos poetas. Prefiro os poetas, e é uma pena, pois não costuma haver muitos deles em festivais literários de grande porte. O Tata, porém, reuniu alguns dos enormes, como Vikram Seth (Índia) e Eiléan Ní Chuilleanáin (Irlanda). Ouvi seus poemas? e gostei. Mas a cidade, fora dos muros do festival, me apresentou algo bem diferente dos palcos e salões.

Mumbai (a antiga Bombaim trocou de nome em 1995, por motivos políticos-linguísticos) é a maior cidade da Índia, a nona mais populosa do mundo. Lá estão os milionários, os bilionários e Bollywood. Lá estão o submundo do crime, a especulação imobiliária e o mercado financeiro. A cidade é obcecada por dinheiro, como Nova Delhi, onde estou agora, é obcecada pela política. Mumbai é a São Paulo do subcontinente, ou a Manhattan, como preferem os mumbaikar: um lugar cuja primeira regra é *Everything goes wrong, and everything's alright.*

A poesia de Mumbai me veio primeiro nas ruas, pela boca dos vendedores e achacadores de turistas, a língua marati enxertada de hindi enxertada de inglês e português? padeiro, por exemplo, é paowala, aquele que faz pão. E vice-versa. Só depois, lendo sobre a história de Bombaim, descobri alguns de seus poetas de versos. Traduzi dois deles aqui, como cartão-postal de uma cidade que não verei novamente tão cedo e onde jamais poderia morar, porque um apartamento em Nariman Point, de frente para o mar da Arábia, custa cerca de 3 milhões de dólares.

Namdeo Dhasal (1949-2014) nasceu em Pune e, aos seis anos de idade, se mudou para Mumbai. Membro da casta Mahar, considerada intocável, ajudou a fundar o movimento Dalit Panthers (inspirado nos Panteras Negras norte-americanos). Mais tarde, foi membro do Partido Republicano, uma junção de todos os partidos Dalit. Com o desenvolvimento econômico da cidade, Dhasal se mudou para uma área mais afluente. Um membro abastado da longa tradição de literatura Dalit.

BOMBAIM, MINHA PUTA AMADA

Você nos seja fiel
Você nos aqueça a cama
Toque a flauta da Eternidade
Toque o terror nos nossos sonhos
Sopre fogo em nosso esperma
Ó cadelinha vadia
Ó piranha mundana

Ó concubina de Khandoba
Ó coquete devassa
Ó puta do coração de ouro

Não irei embora feito um mendigo
Deixarei você só o osso
Vai, abre os portões do céu para esses
pobres-diabos
Bombaim, minha puta amada
Vou te levar para um passeio
Vou te deixar tontinha
E ir.[1]

Quando bebê, Narayan Surve (*c.* 1926-2010) foi abandona-do em uma lata de lixo e adotado por um homem que trabalhava em um dos muitos moinhos de algodão de Mumbai. Cresceu nas ruas da cidade, aprendeu a ler por conta própria e encontrou emprego na Bombay Municipal Corporation, como professor do primário. Um dos poetas mais respeitados da língua marati, foi considerado poeta proletário modelo, tanto na Índia quanto na União Soviética.

KARL MARX

Logo na minha primeira greve
Conheci Marx, então…

No centro da marcha
Carreguei seu estandarte no ombro
Janaki Akka disse: Sabe esse cara?

1 "Mumbai, my beloved whore", de A *Current of Blood: Poems by Namdeo Dhasal* (Seleção e tradução do marati por Dilip Chitre, editora Navayana). (N. E.)

É o nosso Marcus Baba.
Ele nasceu na Alemanha, escreveu um monte de livros
e morreu na Inglaterra.
Sabe, para um mendigo,
todas as terras se parecem...
Como você, ele teve quatro filhos.
Logo na minha primeira greve
Conheci Marx, então...

Mais tarde: eu estava falando numa reunião
Então, qual é a causa desta depressão?
De onde vem a pobreza?
De novo, Marx surgiu. Eu lhes conto, ele disse
E então falou incessantemente...

Outro dia mesmo ele veio a uma reunião
importante e ficou parado ouvindo
Eu disse:
Agora nós, e somente nós, somos os heróis da história
E de todas as biografias futuras também.
Ele bateu palmas com muita força.
Rindo espontaneamente, veio,
e me abraçando disse
Então, você escreve poemas, né...?
Ótimo!
Eu também gostava de Goethe.[2]

Nova Delhi, 5 de novembro de 2015

2 Poema de Narayan Gangaram Surve, traduzido da versão em inglês feita por Mustansir Dalvi.

Macumba pra indiano

A maioria simplesmente pegava o meu braço e aproximava a cara para ver. Até mesmo desconhecidos na rua, curiosos com a minha brancura e os três símbolos tatuados, bem pretos, no antebraço. Eu conseguia sentir o hálito na pele: "O que quer dizer?". Como explicar? Poucos meses antes de vir para a Índia, tatuei os três pontos riscados das minhas entidades, o do preto velho, o do erê e o do caboclo.

Bom, no Brasil eu sou uma espécie de sacerdote.

"Seu pai era sacerdote? Como um brâmane?"

Não exatamente. É uma coisa que acontece. Quem tem tem. Esses são os três símbolos das entidades que me acompanham.

"Deuses?"

Não exatamente. Espíritos? Hm... Podemos dizer que são espíritos.

"Eles falam com você?"

Não exatamente. Eles falam com os outros através de mim.

Aí começava a confusão. A gente sempre tem que explicar as tatuagens que faz, mas eu não contava com a curiosidade trans-

182

cendental dos indianos. "Como assim falam através de você?" Eu entro em transe. "De onde é essa religião?" Da África. "Mas você é branco." Sim, sou branco. "Muito branco!"

Nas mesas do festival, nas dos restaurantes e na rua, fui chamado a fazer algo que nunca tinha feito publicamente: explicar a minha relação com a umbanda e o modo como as religiões de matriz africana são tratadas no Brasil.

Tive que explicar, por exemplo, que não acredito em Deus. Devo ser um dos poucos médiuns ateus da umbanda. Acredito no transe, porque acontece comigo. E acredito que aqui na Terra mesmo existem mais coisas do que sonha a nossa vã neurologia. Lembro que Nabokov dizia ter déjà-vus premonitórios muito parecidos com os meus. A mãe dele também. Em cada canto do mundo há gente como nós, presa das mesmas sensações, interpretadas e ritualizadas de diferentes maneiras por cada cultura. Não há pretos velhos na Rússia. Só no exílio.

Na saída de uma das mesas no Prithvi Theatre, uma senhora de meia-idade me abordou. Disse que era fascinante, que isto, que aquilo, que queria ir ao Brasil para ver uma gira. Mas, depois que tentei desbotar um pouco a cor local (que eu mesmo pintei, meio sem querer e sem o fervor alencarino), ela caiu em si: "Aqui na Índia é parecido. A gente acredita em tudo ao mesmo tempo, é uma coisa cultural".

Tive que explicar também que considero minha tatuagem um poema visual — o único poema meu de que realmente gosto, porque não fui eu que escrevi. Contei que as entidades só podem falar com os vivos depois de riscar os pontos no chão do terreiro. Portanto, os símbolos no meu braço são a permissão e o convite do cosmos. Agora podemos falar. E que isso, claro, tem a ver com o fato de eu ser escritor.

Mas, mais do que isso, tem a ver com o país em que nasci e com a época que me tocou viver. Contei aos indianos que não é incomum que invadam terreiros e quebrem as imagens. Que em junho deste ano atiraram uma pedra na cabeça de uma menina de onze anos que saía de um candomblé no Rio. "Jesus está voltando!", foi o que gritaram para ela e para a avó, que é mãe de santo.

Esse tipo de coisa os indianos conhecem bem. Melhor que nós. Existe um terrível histórico de intolerância religiosa na Índia. As minorias daqui, cristãos e sobretudo muçulmanos, há décadas enfrentam uma escalada de agressões sectárias, que alimentam o ciclo de vinganças. É o mesmo caso?, me perguntaram.

Não exatamente, porque na Índia há outros fatores, étnicos e políticos, envolvidos (a longa história de invasões muçulmanas, a partição que deu origem ao Paquistão, os atentados, o nacionalismo hindu), mas na superfície toda violência se parece. E, no Brasil, a lei é a da cegueira boa-praça.

"Não tem vingança?"

Não tem, ainda bem. Porém, é difícil ignorar os outdoors que dizem "Esta cidade é do Senhor Jesus Cristo", marcando o território nacional. O linchamento é o segundo esporte nacional, perdendo só para o futebol. Os interesses são bem representados no Congresso. Não sei, foi o que eu disse aos indianos. Espero que não chegue a ponto de... A maioria, claro que a maioria não apedreja meninas de onze anos. Mas...

"Mas Jesus está voltando."

Sim, pelo visto sim.

"O que você vai fazer com o seu braço quando ele voltar?"

Tatuei no antebraço para não cobrir.

"Faz muito calor no Brasil também."

Sim, a gente quase não usa manga comprida.

Nova Delhi, 10 de novembro de 2015

Abaixo 2015!

Nas ruas, nos jornais, no Twitter, o veredito é unânime: este ano foi um horror. Desde janeiro a gente vem achando que não dá para piorar. Desde janeiro, 2015 prova o contrário. Ano maldito dos mil demônios. E ainda não terminou.

E acabar logo não vai adiantar. É preciso inventar a máquina do tempo, voltar para 2014 e se vingar de 2015. É preciso guerrear a guerra justa contra 2015 e não aceitar sua rendição. É preciso votar o impeachment de 2015, tascar uma tornozeleira cósmica nele e colocá-lo sob prisão domiciliar no planetinha do Pequeno Príncipe. Este ano precisa pagar, precisa devolver todos os meses que nos roubou. John Fante só escreveu "1933 foi um ano ruim" porque não viveu 2015.

É preciso afundar 2015 de ponta-cabeça na lama da Samarco. É preciso forçá-lo a decorar todos os discursos políticos do ano. É preciso ocupar 2015 e não sair até que nossas exigências sejam cumpridas. Que 2015 seja condenado a viver com os comentaristas de portal de notícias e com aquele seu tio. Que queime por três dias naqueles tanques de combustível em Santos.

Que, na ceia de Natal, 2015 engula todas as bombas e todos os tiros disparados ao longo do ano. Ele pode afrouxar o cinto depois do banquete. Afinal, não somos bárbaros. É preciso amarrar 2015 numa poltrona para que assista a todas as retrospectivas de si mesmo. Que não vire a cara! Agora não adianta se arrepender. Que a população faça fila para contar a 2015 como foi seu ano. Que peça perdão, o infeliz, porque no fim das contas este ainda é o calendário cristão.

Que chore, implore por misericórdia. Mas fomos pacientes o bastante. Doze meses infinitos! 2015 precisa pagar. Que faça o imposto de renda de todos nós no ano que vem. Que retire todas as grades das praças no muque. Ainda temos alguns dias, podemos decidir coletivamente o castigo. Afinal, somos democráticos.

É preciso deter este ano. Que o tempo entre em greve por não concordar com a existência de 2015. É preciso deter 2015 antes que ele vire 2016. Porque aí vai ser tarde demais.

8 de dezembro de 2015

2016

O gambá e o homem

Eu estava nas montanhas. Uma noite, vi um gambá andando no fio elétrico, de um poste a outro, gordo, desengonçado, mas equilibrista perfeito. Há muitos anos não via um gambá, o vero gambá tupiniquim, meio pelado, focinho de porco e mãos de rato — tão diferente do don-juan Pepé Le Pew. Por uns segundos, ele desapareceu entre uma bolha de luz e outra, dentro da noite: é claro que caiu, como não cairia? Mas não. Reapareceu, firme e horroroso. Patinha seguiu patinha até o outro poste e, dali, para uns escuros que eu não conheço.

Gostei do gambá equilibrista. E, nesses casos de gostar, o nosso primeiro instinto é dar nome. Mas como batizar um gambá que, com a elegância tonta desses bichos e com todos os cheiros chorumes, reclama para si o território do passarinho? Impossível. Um passarinho num fio pode se chamar Baltazar ou Melquíades, Laura, Pedro ou Maria das Graças, porque ali é onde o vemos sempre. É fácil nomear o sempre. Já um gambá num fio, isso é o sumidouro dos nomes humanos.

É disso que falam os poetas e romancistas, os velejadores do Atlântico e todos os desajustados. É isso o que buscam: o gambá no fio dos passarinhos. O bicho noturno e desconjuntado, o inominável. Os passarinhos do dia, ah!, esses ficam para as amadas que envelheceram sem maldade e para as virgens 100%, como dizia o Manuel.

O gambá é o antídoto ao afunilamento geral da vida. Lá estava a vida do sujeito, enorme, incontrolável, a vida que não se contém. Aí, coisas acontecem: é a vida. Outras coisas vão acontecendo e, quando o sujeito vai ver, sua existência cabe num tubinho, um cateter que o alimenta gota a gota. É a vida. O sujeito está cansado e bêbado e triste e todos os sapatos dão a língua de meias sujas para ele. Talvez tenha um filho, um amor de pijama, um cão, um abono, outras alegrias. Mas o diagnóstico não pode ser outro: é falta de gambá equilibrista.

Nosso gambá sem nome tem seu par no mundo dos homens. Todos conhecemos um, pelo menos. O amigo de escola que virou andarilho, o escritor eterno desamado por todas as editoras, o surfista sessentão que recita Max Stirner, aquele que não se encaixou, aquele que foi morar numa ilha. Abençoados sejam. Nenhum nome nunca lhes servirá.

É por isso que Robert Service só os chama de *"The men that don't fit in"* naquele poema. Nenhuma Lucy, nenhum George: só *the men*. Essas pessoas que não se encaixam, "uma raça que não para quieta", que vaga pelo mundo, pelos campos e enchentes, que sobe montanhas e sofre da maldição do sangue cigano. Abençoados sejam. Que nenhum nome lhes cole na pele.

O poema não termina bem para os desajustados, é claro. Pois, como todo mundo sabe: *"It's the steady, quiet, plodding ones/ Who win in the lifelong race"*. Os persistentes, os que ajustam seus relógios no ponto batido, os tudo-nos-conformes. Esses vencem. Os avoados se perdem, os mil projetos nunca se concretizam, as rotas de fuga se confundem. Mas é a vida. Ao menos o sujeito vê uns bons gambás pelo caminho.

7 de fevereiro de 2016

Clique aqui para fotos de gatinhos

Era a corrida da sua vida e ela tropeçou, mas se levantou e você não vai acreditar no que aconteceu... Celebridade perde paciência com internauta e dá resposta irritada: entenda. Craque do futebol chega a time importante e manda recado para o Brasil. *Spoiler!* Personagem de série vai fazer algo impressionante na próxima temporada. Clique aqui para fotos de gatinhos.

Curta essa festa, compartilhe essa atitude, viva sem trabalhar, trabalhe de casa, saiba como este técnico em informática largou tudo e deu a volta ao mundo sem gastar nenhum tostão. Não fique de fora, olhe para a frente, é seu ônibus passando, não perca o ônibus, dez dicas para desgrudar do smartphone, dez imagens que provam que o brasileiro é o povo mais criativo do planeta, dez vezes em que a zoeira não teve limites. Clique aqui para fotos de gatinhos.

Conheça as tendências para o próximo verão, preço do barril do petróleo bate recorde, pare de fumar sem dor, emagreça dez quilos com essas dez dicas simples, mais forte, mais linda, mais produtivo. Cuidado com o poste. Dez tratamentos infalíveis para um galo na testa. Clique aqui para fotos de gatinhos.

Como ser mais focado no trabalho, como não perder contato com amigos de infância, como fazer fluir o trânsito, todas as obras de Shakespeare para download. Clique aqui para fotos de gatinhos.

Tornado na Paraíba assusta cavalo bêbado, veja o vídeo. Homem que estava desaparecido descobre que estava morto, confira certidão de óbito. Pedido de casamento nada convencional emociona papa Francisco, assista. Bundas. Lula. Gol espírita no campeonato alagoano. Clique aqui para fotos de gatinhos.

Carro que dispensa motorista vai embora para Fernando de Noronha, confira. Pinguim faz churrasco em Copacabana. Político do partido tal diz algo cafona, ouça o áudio. Você sabe o que é o bóson de Higgs? O que os mexicanos têm a dizer sobre a paleta mexicana? Você está atento aos sinais da depressão, da bolsa de valores, do seu bebê? Você está atento? Clique aqui para fotos de gatinhos.

Mais amor, por favor. Leia meu poema. Leopardo invade escola na Índia. Confira se você está no lote do imposto de renda. Clique aqui para saber qual é a sua posição política. Quer consumir menos? Como anda seu pensamento matemático? Você costuma se apaixonar por estranhos no metrô? Clique aqui para fotos de gatinhos.

25 de fevereiro de 2016

História ambulante do Brasil

Eu lembro. Todo dia, na saída do colégio, lá estavam eles: vendedores de balas, chicletes, pipas e CDs falsificados, churreiros e pipoqueiros com seus carrinhos misteriosamente iluminados (onde ficava a tomada?), à espera das crianças. Nunca falhavam. Se um faltasse, outro tomaria seu lugar, por isso jamais houve escassez de pipoca na minha infância. Descobri cedo que, onde há mais de trinta pessoas reunidas, lá estará o vendedor ambulante.

O ambulante é uma testemunha privilegiada do Brasil: atravessa a história, de Carnaval a Carnaval ("Cerveja, cerveja, uma é três, três é dez!"), de manifestação pró a manifestação contra, de jogo do Fla a jogo do Flu ("Camisa camisa camisa camisá!"). O ambulante que vende catuaba na porta do estádio hoje é o mesmo que oferece bandanas com nome de estrela pop na entrada de um show, o mesmíssimo que distribui lulas e dilmas infláveis para os revoltados da Paulista, máscaras e vinagre aos moleques anarquistas.

O ambulante é o espírito da história brasileira: ele se esgueira pelo estômago das grandes convulsões nacionais e tenta sair ileso, adapta-se, comercia e vive. ("Olha o medalhão, medalhão é cinco!") É a gambiarra encarnada em gente, desde os fruteiros coloniais, passando pelo vassoureiro gritando na primeira página do *Memorial de Aires* ("Vai vassouras! Vai espanadores!") e os pipoqueiros da minha infância, até os cambistas e vendedores de milho nas estações de metrô do presente ("Milho quentinho. Curau purinho!").

O ambulante é o nosso judeu errante, eterno e esperto — antes de tudo um esperto. Imagine como não seria um livro de história do Brasil do seu ponto de vista? Que coisas viu e que opiniões tem essa criatura quase invisível e sempre presente? É alegre, desesperançada, gosta de futebol, gostará, meu Deus, de milho?

E por que, mal ou bem, ainda está cantando?

11 de março de 2016

Assando um bolo enquanto cai a República

Nesses últimos tempos, adquiri um hábito esquisito. De vez em quando olho ao meu redor, penso no que estou fazendo e me pergunto: e se a República estiver caindo agora? O que direi aos meus amigos? Que quando caiu a República eu estava traduzindo um trecho de Suetônio? Com sono no escritório? E se estiver no banheiro quando cair a República? Aparando as unhas com um cortador de R$ 2,99?

Imagina se cai a República enquanto você está fazendo as sobrancelhas, comprando filtro de café no mercado, remexendo o cesto de roupa suja, dormindo ao lado de um desconhecido? Péssimo hábito, o das Repúblicas, de só caírem quando a gente está ocupada com trivialidades.

Outro dia fui ao lançamento do novo livro da Júlia Hansen, na biblioteca Mário de Andrade. Ali perto, na Paulista, uma manifestação pedindo a cabeça de já nem lembro quem. Em matéria de cabeças institucionais, por mim tanto faz. A minha rua foi a de junho de 2013, a rua que prometia destrancar todas as outras e trancar para sempre os palácios. E 2013 foi massacrado tanto pela esquerdona federal quanto pelas direitinhas estaduais. Em comparação, o que estamos vendo hoje é briga de cotonete, aqueles cotonetões de programa do Faustão, coloridos, berrantes: um lado verde-amarelo e outro vermelho duelando pelo trono bege-cafona de Brasília. A brincadeira é engraçada, até alguém perder um olho.

Mas de volta ao lançamento da Júlia. Ela, Bruna Beber e Reuben da Cunha Rocha leram poemas do livro, e os helicópteros da polícia e da TV passavam de vez em quando na direção da Paulista, abafando a voz dos poemas. Durante a leitura, eu pensava: se cair a República agora, pelo menos estarei em companhia de poetas... Naquele dia, não caiu.

Escrevo esta crônica num domingo, antes de um show do Hermeto Pascoal e depois de ter lido algumas belas entrevistas do Harold Pinter. Acabei de assar um bolo de fubá, tomo uma cerveja e ouço os meninos da banda Francisco El Hombre (*"Dicen que el rey ya no debe reinar/ ¿Debe reinar o no debe reinar?"*). A República não vai cair. Mas, se cair, fique à vontade para cair hoje. Terei algo aconchegante para contar.

21 de março de 2016

Lá pelas tantas no Hotel Toffolo

Lá pelas tantas é que as coisas costumam acontecer. Bebíamos vinho enquanto passava a Procissão do Enterro, os moradores de Ouro Preto vestidos de Moisés e rainha de Sabá, crianças fantasiadas de anjinhos carregavam placas com o nome de cada personagem bíblico. Semana Santa. O bar do Hotel Toffolo, onde estávamos, fechou as portas e janelas em respeito ao cortejo. Na parede, havia um cartaz com um poema do Drummond intitulado, justamente, "Hotel Toffolo".

Lá pelas tantas, Jesus passado e enterrado (não vi passar), perguntei ao dono: "E esse poema do Drummond aí, hein?". Ele puxou cadeiras para nós, trouxe a garrafa de vinho para a mesa dele e começou a contar a história do poema.

Seu nome é Rodrigo. O hotel pertenceu a seu avô e agora à sua mãe, uma senhorinha de idadíssima, mas que ainda varre o salão no fim da noite. Contou que o velho Toffolo foi o primeiro a ter carro em Ouro Preto, para levar os hóspedes (o hotel concorrente ficava bem na frente da estação). Mostrou as fotos nas paredes: o calhambeque pioneiro, o avô de chapéu, as velhas en-

198

carnações do prédio. Ali se hospedaram Drummond, Bandeira, Guignard...

"Graças a Deus pelos modernistas", disse, senão aquilo tudo ali, Ouro Preto e hotel, teria desaparecido.

"Quem falou para o Drummond escrever esse poema foi o Manuel Bandeira." Um dia eles chegaram tarde na hospedaria e já não havia jantar. Este é o primeiro verso: "E vieram dizer-nos que não havia jantar". Rodrigo sabe o poema de cor:

E vieram dizer-nos que não havia jantar.
Como se não houvesse outras fomes
e outros alimentos.

Como se a cidade não nos servisse o seu pão
de nuvens.

Não, hoteleiro, nosso repasto é interior
e só pretendemos a mesa.
Comeríamos a mesa, se no-lo ordenassem as Escrituras.
Tudo se come, tudo se comunica,
tudo, no coração, é ceia.

Quando falou o último verso, já estávamos disfarçando as lágrimas. Botou um réquiem para tocar, composto pelos músicos de Ouro Preto para a celebração da Semana Santa, e explicou que, quando Drummond diz "Como se a cidade não nos servisse o seu pão/ de nuvens", está falando da névoa que desce dos morros nas manhãs mais geladas.

Depois falamos sobre São Paulo, sobre a vida simples nas ruas crocantes de Minas pequena, sobre como sua mãe quase não pôde casar porque o noivo era protestante. Quem diria que aquela senhorinha era uma Julieta mineira? E que certas julietas encontram um fim tranquilo em cidades de pedra? Fiquei pensando que mundo seria melhor sem julietas nem romeus, só com amores tranquilos, a queijo e goiabada.

"Vieram dizer-nos que não havia jantar", o dono repetiu depois de uma pausa. Mas assegurou: "Duvido muito que tenham ido dormir de estômago vazio. Aqui sempre tem nem que seja um pãozinho, um pãozinho com pernil"...

Quando estamos quase acreditando que a memória é mesmo esse bloco de pedra bruta e feia, lá pelas tantas se forma algo nela, mineral diferente e incatalogável incrustado no escuro. É isto que levaremos conosco, em todas as pedras que nos atirarem.

6 de abril de 2016

Se eu tivesse um barco

Outro dia fui ao teatro, ali na Maria Antônia, rua que virou campo de batalha em 1968, entre estudantes da USP (a quem pertence o teatro) e do Mackenzie, que fica logo em frente. Ainda era o tempo dos homens partidos, dos polarizados, do muro — tudo isso que hoje nos dizem estar de volta. Mas a rua estava em festa: cerveja na calçada, falar mal de professor, um carro tocando funk no último volume, a juventude que eu vou perdendo. "Pode ser um bom sinal", foi o que pensei na hora.

Entrei na sala sem querer saber de golpe, impeachment, parlamentares, palavrório. A peça, *Solos impossíveis*, faz parte das comemorações de dez anos da Cia. dos Outros. Atuam Carolina Bianchi e Tomás Decina, ela bailarina de frustrações, ele explorador otimista. Foi um respiro da rua: ali, como em tudo o que vi da Carol e sua trupe, eu me reconheço. O afeto nômade, as vontades esquisitas de viajar sem saber para onde. Tudo o que amo: os exploradores, os malucos que cruzam oceanos, os que contatam povos sem treinamento etnográfico, mas sobretudo os fracassos e os abismos com fundo falso. Nas peças da Carol, há sempre um ponto de virada, em que nos damos conta da impossibilidade de ser Amundsen porque no polo Sul já tem um McDonald's. O momento em que aceitamos que não conseguimos controlar nada. É nessa hora que eles começam a dançar no palco.

Lá fora, o funk comendo solto. E eu não sei dançar.

Aí voltou tudo, como naquela música do Maurício Pereira: "e vem fé e vem tristeza e vem alegria/ e tesão e neura e fantasia/ e Dioniso e ditadura…// Eu não sei, não sei, não sei". Não sei. Olhando a rua Maria Antônia, não soube dizer se a festa é podre, se o funk ainda salva, se aquele muro de alumínio na Esplanada, erguido por presidiários, um dia vai ser cimentado. Sei que os discursos são falsos e que os clichês nunca são o suficiente. E sei, sei de saber, que André Gide estava errado. Foi ele que disse que a felicidade do homem não está na liberdade, mas na aceitação de um dever. André, Andrezinho… não está não.

Mas, como nem tudo é terrível, chegou de longe um postal em que me perguntam "Se um dia você tiver um barco, qual vai ser o nome dele?". E a minha resposta: vai se chamar Conselheiro Aires. O protagonista do *Memorial de Aires*, de Machado, é que sabia das coisas. O velho diplomata tinha tédio a controvérsia e um "coração disposto a aceitar tudo". Bom nome para um barquinho. Vai me ajudar nas tempestades em alto-mar.

23 de abril de 2016

Os livros que carrego comigo

Não sei quantos livros tenho em casa. Nunca soube exatamente o tamanho da minha biblioteca. Vou acumulando livros e, quando mudo de cidade, dou a maior parte deles. Ou melhor, os livros vão se acumulando sozinhos. Eu paro num lugar e eles começam a se proliferar, fungos de Gutenberg, e vão ficando. O mesmo acontece com o amor: assim como uma biblioteca, cresce sem que você perceba e, quando viu, já era. Os amores e as bibliotecas são descuidos de tempo.

E eles sempre deixam rastros. Meus amigos costumam mandar mensagens dizendo que encontraram uma foto do meu pai dentro de uma coletânea de poemas ou que riram dos comentários que fiz num romance que lhes dei. Os cartesianos tentam desvendar meus códigos e rabiscos, os mais românticos buscam pistas arqueológicas nas páginas em que eu teria derramado água ou vinho. Nunca saberão. Esse livro foi para a Índia, Paramaribo? Pegou areia e sal em Ipanema? Por que metade da página quarenta foi arrancada? De quem é este número de telefone? Nem eu sei.

Foi o Derrida quem disse uma vez que "posso morrer a cada instante, o rastro fica". Daí a fascinação pelas bibliotecas públicas: não é só a quantidade monumental de livros, mas de dedos e olhos que os percorreram. Não importa se os leitores não deixaram marcas visíveis. As gerações que vêm falarão assim dos pen drives encontrados nas caixas do avô, cheios de PDFs do Project Gutenberg, ou do *e-reader* da mãe que ainda guarda alguma luz? É provável, tem sempre um bobo para achar as coisas bonitas.

Mas, enquanto estamos vivos, já não há como não ter biblioteca. A esta altura, o grau zero da biblioteca é impossível. A velha pergunta se é melhor ter amado e perdido do que nunca ter amado é irrespondível: quem amou nunca mais voltará à pureza medonha de nunca ter amado. Por isso, sou obrigado a carregar certos livros comigo, "como esses primitivos que carregam por toda parte o maxilar inferior de seus mortos". É também um modo de não me descuidar do tempo.

Ai de mim, vou compor uma lista. Essas coisas são feitas no calor dos encaixotamentos, no vinho tomado com amigos na despedida, nas negociações do peso da bagagem. Mas sei que alguns volumes sempre me acompanham: as obras completas do Machado e do Bandeira, meus pais. As completas do Lorca, um tijolão que eu lia no caminho para a casa de uma namorada (o ônibus passava na frente do cemitério). Os livros assinados pelos amigos, as primeiras edições da geração de romancistas anterior à minha, *O físico prodigioso* do Jorge de Sena (que amo de graça), os livros do Perec, os do Barthelme, as obras completas do Almada Negreiros, a coletânea bilíngue do Jaime Gil de Biedma, cujo poema *"No volveré a ser joven"* leio em todos os meus aniversários. Os livros de Walter Benjamin, *A estrela sobe* do Marques Rebelo, Gombrowicz, Campos de Carvalho, os volumes do Coaracy sobre o Rio de Janeiro... Já consigo ver, ali está o funcionário bem-vestido acenando o excesso de bagagem. Meus livros de teoria… Os livros que escrevi! Vai, meus próprios livros podem ficar, vê aí quantos quilos deu.

6 de maio de 2016

Em louvor de poemas ruins

Um poema ruim pode salvar sua vida. Aqueles artefatos tronchos, que são como um suvenir feioso de um lugar qualquer: miniatura de plástico da Torre Eiffel, camiseta de "estive em Fortaleza e lembrei de você", pedrinha de cachoeira suja, estatueta tosca de Ouro Preto. Coisas que você ama justamente por serem falhas e que a gente carrega por carinho, sabendo mesmo que não são boas.

Embora "bom" seja uma categoria difícil de precisar, todo leitor sabe do que estou falando. Existem poemas bons, poemas ruins e não poemas. Estes últimos são mais comuns: amontoados de palavras com cara e às vezes até cheiro de poema, mas que jamais serão poemas. São as massas meio amorfas que, desde antes de colonizarem as *timelines* do Facebook, nos ajudam a distinguir um poema de um não poema. Porque um poema ruim, ainda que ruim, é um poema. Tem suas mesmas propriedades mágicas, o mesmo alumbramento, mas é só um pouquinho mais torto, viciado, descompensado. É tempo de amar também os tronchos.

Pegue uma obra completa de Drummond, por exemplo: não há, em lugar nenhum, massas amorfas. São todos poemas, mas, Deus, como há poemas ruins! Amo tanto os poemas ruins do Drummond, talvez mais do que os bons, os bombásticos, as pedradas e os pavores de guerra. Aqui um poema sobre a bunda, ali uma anedota em versos estragadinhos, acolá um sobre discos voadores... É a vida.

Mas há poucos poetas que se dedicam exclusivamente ao poema ruim. E poucos fizeram do poema ruim uma arte tão consumada quanto Robert W. Service, o bardo de Yukon, que cantou a vida naqueles remotos do Canadá. Um poeta adorado por muitos e ridicularizado por vários.

Na época (a mesma de James Joyce, epítome do autor de poemões bons e uma espécie de anti-Service), todo mundo confundia a divisão entre poemas ruins e bons com a separação entre popular e erudito, inclusive o próprio Service. Hoje sabemos que isso é balela. Robert Service era um baita poeta de poemas ruins, como "The Tramps" ou, o meu preferido, "The Men That Don't Fit In".

São versos espaçosos, selvagens e duros como o continente americano. E são ruins, graças a Deus. Se Service se dedicasse à feitura de poemas bons, seria o Walt Whitman.

Esse "The Men That Don't Fit In" é um dos tais poemas ruins que carrego comigo, com a certeza de que um dia ele pode salvar minha vida, ou pelo menos servir como profilático à "maldição do sangue cigano", da qual sofro — e muito —, com o perdão do termo politicamente incorreto. Gosto tanto desse poema ruim que o traduzi, respeitando as ruindades do original e, onde possível, achando ruindades em português. Talvez você possa carregar consigo também, como um chaveirinho de plástico comprado em loja de beira de estrada.

OS HOMENS QUE NÃO SE ENCAIXAM
Robert W. Service

Há uma raça de homens que não se encaixam.
  Uma raça que não para.
Então partem o coração de clã e casta
  E vagam pelo mundo à larga.
Atravessam os rios e os campos
  E escalam os altos morros;
É deles a maldição do sangue cigano
  E eles não conhecem repouso.

Chegariam longe se andassem reto;
  São fortes e leais e valentes;
Mas o que já conhecem é um tédio
  E querem o novo e o excêntrico.
Dizem: "Se eu encontrar minha paixão
  Ah, que marca não deixo!"
Eles mudam de novo, então,
  E não passa de mais um erro.

Quando largam tudo e, vacilantes,
  A luminosos passos abandonam,
Esquecem que são os perseverantes
  Que vencem a vida maratona.
Esquecem que não há mais juventude,
  E que o vigor não durará.
Num dia de esperança morta, a luz
  Da verdade enfim despontará.

Fracassou, fracassou; perdeu sua chance;
  Tudo pela metade, o que fiz.

A vida comédia lhe pregou uma peça.
　　E agora é a hora de rir.
Rá, rá! Lá vai mais um da Legião Perdida,
　　Mais um a quem o destino rebaixa
Ele é um andarilho, um puro vadio;
　　É um homem que não se encaixa.

6 de junho de 2016

A afirmação contra o chorume

Quando eu morava no Rio, gostava de ler as colunas do Felipe Hirsch em *O Globo*. Pegava o jornal e ia para a praia, ler sob o sol. Ele costumava listar as coisas de que mais gostava, discos, livros, filmes... E sempre havia um chamado ao amor. O amor é mais forte que o cinismo e a ironia rasteira, era o que ele queria dizer. Que o importante era espalhar as coisas que se ama.

Também gosto muito do documentário sobre o Leonardo Fróes intitulado *Um animal na montanha*, dirigido por Alberto Pucheu, Gabriela Capper e Sergio Cohn. O poeta, depois de anos de vida na cidade, se mudou para um sítio em Secretário, no interior do Rio de Janeiro. Lá vive até hoje, plantando e cuidando da terra: "No pequeno limite que me coube, eu estou colaborando com a vida". E isso se reflete na sua obra: "Não quer dizer que no sítio eu tenha me alienado: continuo a discordar da cidade, do país, da política. Mas passei a fazer uma poesia afirmativa", diz, em entrevista ao jornalista Guilherme Freitas.

Invejo essa visão de mundo. Apesar de ser discípulo de Diógenes de Sínope, o cínico no barril, tenho tentado praticar a afirmação amorosa nos últimos tempos. Vivemos inundados, até o pescoço, por chorume. O ódio e a estupidez, irmãos siameses, se escondem até nas boas intenções, às vezes até nas nossas. As caixas de comentários dos grandes portais de notícia revelam o que somos. "Somos feudais, somos fascistas, somos justiçadores", como escreveu Oswald de Andrade. Enfim, o de sempre.

Mas o antídoto está aí, é o suco de uma fruta que cresce escondida no sítio de Fróes. É a disposição de Hirsch para listar suas paixões. No fundo, é uma questão de educação sentimental: ao divulgar o que se ama, ao afirmar mais do que negar, as ideias circulam livres e podem chegar mais fundo. O nosso inimigo não é o adversário político — ou qualquer que seja o demonizado da vez —, mas sim a imbecilidade. A burrice é o que nos levará ao abismo, pois tenta anular violentamente toda e qualquer discordância. Onde não há espaço para discordar, nasce o ódio.

Faça uma lista das coisas que ama e conte para os demais. Plante uma árvore. Vá morar num sítio. Afirme. Nisso, os hippies tinham razão.

22 de junho de 2016

Tarde

Quase sempre é tarde demais. Tarde demais para ter sido santo, para ter amado o amor da vida ou para ter aprendido a surfar. Mas às vezes é só tarde. Às vezes é só depois do almoço e você está no meio da rua, bem alimentado, com poucas preocupações: o dinheiro pouco, a saúde pouca, as certezas nenhumas. Mas é tarde e a rua está quase vazia. Passam uns meninos vestidos de futebol, uma avó tenta acalmar um bebê, pedreiros dormem.

Onde estarão os outros? Nas escolas? Nos escritórios? Esse tanto de gente, meu Deus, que só vê as tardes preguiçosas nos poucos dias de férias que tem. Os historiadores do futuro nos recriminarão: naquele tempo, os homens ficavam presos a tarde inteira, mas pelo menos as mulheres conquistaram o direito de estarem presas a tarde inteira também. O mundo evolui, mas levaria um tempo até a tarde se tornar um direito universal.

Enquanto eu andava bem no meio da via pública, sem medo de ser atropelado, fui pensando que a tarde é mais livre do que a gente imagina. Ninguém percebe porque está todo mundo preso. Foi então, no fecho da tarde, como dizia o Drummond, que passou por mim a máquina do mundo. Tinha a forma de mulher, uma mulher que me era mais familiar do que todas as outras. Passou e, sem deixar nem rastro de perfume, sumiu numa esquina. Eu, distraído, só percebi tarde demais.

Aquela não era a máquina do mundo?

7 de julho de 2016

Aprendizado dos cães

Não sei se já contei a vocês do Gaspar. O Gaspar é um cão, bem grande, do tamanho de um rottweiler gordo, mas não é um rottweiler. Não sei de que raça ele é, nem me importa. Antes de mim, o Gaspar tinha dono, vivia em algum lugar de Nova Friburgo antes do que os que moram aqui chamam de "a tragédia", referindo-se às enchentes de 2011, o maior desastre climático do Brasil até agora.

Antes de mim, o Gaspar tinha outro nome, esquecido para sempre. Minha mãe o resgatou de um abrigo para animais que perderam suas casas no desastre. Eu o rebatizei de "Gaspar", em honra de Kaspar Hauser, outro filhote perdido.

Quando o levei para casa, na beira da praia do Flamengo, o Gaspar não tinha reação: ficava olhando para a parede ou para a porta, esperando o fantasma de seu antigo dono. Demorou um tempo até reaprender a correr, a farejar, a pedir carinho a mim como ao falecido. Escrevi meus livros ao seu lado, e ele não incomodava. No máximo, colocava a cabeça na minha coxa perturbada, pedindo afago. Ele é insistente no afago. Mal comia. Esperava pacientemente o passeio do banheiro. Não se revoltava com meus atrasos. Minha mãe acha que ele acompanhava um idoso, porque, embora enorme, é muito delicado. Sua pata é leve e doce.

Até hoje ele geme como um menino. Quando fui morar na longe São Paulo, o Gaspar ficou aqui, com os outros cães de mamãe, e recobrou certa alegria, uma alegria de velho que viu lama demais — hoje ele se junta à bagunça dos cachorros mais novos, que não testemunharam o horror, mas em sua memória de bicho ficou alguma coisa de triste, alguma coisa de profundamente homem, que só se revela no sono. Meu cachorro dorme inquieto como eu. Tem pesadelos desmoronantes.

O cão é o triunfo de Darwin. O cão evoluiu conosco, a seleção natural o talhou para ser amigo da espécie dominante, e a mais destrutiva, do planeta. O lobo não é *brother*, o vira-lata é. Para além do alimento em troca de companhia, para além dos vídeos engraçados e dos truques de bolinha, o cão tem muito a nos ensinar. Na guerra total da cadeia alimentar, há espaço para um amigo. A natureza não é totalmente indiferente; há algo na biologia que é amor e que é dádiva. O cão nos ensina. Não somos nós a espécie vitoriosa, são eles, os leais, os supostamente submissos, os mil vezes frágeis, os uivantes. Se Deus existisse, seria essa a lição irônica que nos daria: seus inimigos são nada, está vendo esse cão, que nas horas mais terríveis está ao seu lado, que está ao lado do mendigo que vossa própria espécie renegou, que vela o túmulo do seu dono morto há anos? Ele herdará o Reino dos Céus.

E nós lhe damos pesadelos.

8 de agosto de 2016

A sabedoria é simples

Sempre que ouço o poeta Leonardo Fróes falar, tudo o que não são seus poemas me parece muito simples. Ele diz coisas sobre a vida, sobre a sua vida no mato e sobre o mato que, no fim das contas, é a vida. Largar tudo e fugir da cidade, aprender a mexer nas máquinas que os homens inventaram (quantos de nós sabemos consertar uma lavadora?), viver em harmonia com a fauna e a flora que nos cercam, não matar os rios, não sofrer muito, pois a personalidade é um fardo construído. Coisas singelas, que, para o cínico, roçam com o que ouvimos dos autores de autoajuda.

Sempre que vejo os cães que moram na casa da minha mãe dormindo tranquilos enquanto eu sofro pelo palácio Capanema murado, pela opinião dos idiotas majoritários, pelos valentões covardes que fazem sofrer os meus amigos, invejo a sorte dos cães, alienados de usurpações e opiniões. Ó, livrai-nos das opiniões, cães sob o sol de agosto! Os cães não sabem que agosto é o mês do desgosto.

Sempre que vejo uma história como a da judoca Rafaela Silva, filha da Cidade de Deus e de derrotas tão bem colocadas para a vitória final, seu triunfo me parece óbvio demais, clichê demais, narrativa de superação demais. As marcas de presunto vão usar tão bem a história. Comerciais de banco, reportagens de jornal óbvias, as discussões de sempre no Facebook. Para quê?

Mas então lembro de uma velha anedota, aquela do jovem monge às portas do palácio que, precisando falar com o rei, pergunta ao mestre: "Como um humilde monge como eu poderia chegar à sala do trono?". Ao que o mestre responde: "Bate ao portão principal e entra". O discípulo, desconfiado da facilidade, dá a volta e bate às portas de serviço, depois recorre às burocracias, tenta subornos, tenta pular o muro — e nada. Quando enfim desiste e vai ao portão principal, é admitido. Descobre que o mestre estava certo. A moral é que, diante da sabedoria, o tolo diz: "Não pode ser tão simples".

A sabedoria é simples.

Aí é que está. Quando a Rafaela ganhou o ouro, eu estava comprando cigarros numa padaria. Na TV, o triunfo. No balcão, um homem qualquer disse: "Quem diria que a primeira medalha seria de uma mulher. O Brasil acabou mesmo". A imbecilidade também é simples. Cabe a nós distinguir uma simplicidade da outra.

25 de agosto de 2016

Carta de crenças

Acredito na arte. Acredito que o *Homo sapiens* só evoluiu porque, sem nós, o universo era incapaz de satisfazer suas maiores vontades: pintar as paredes, cantar e contar histórias.

Acredito na minha mãe.

Não acredito em Deus. No entanto, acredito no transe da macumba, nas minhas entidades, em Dionísio e em Zé Pelintra.

Acredito na elegância como virtude intelectual. Deixar viver. Saber acolher pontos de vista variados e, inclusive, opostos. Desprezar sempre que possível todos os sinais de poder. Todo poder é cafona.

Acredito na ternura como subproduto da elegância. A ternura calma, como o ronco de um velho sábio na rede de dormir, a ser distribuída a todos os homens. O que não significa passividade ou isenção. Ser terno inclusive com o inimigo, inclusive ao matar e ao morrer.

Não acredito na bondade inata dos homens, muito pelo contrário. Daí a necessidade de elegância e ternura.

Acredito no amor, em morrer por amor, em amor vitalício. Sempre que tentei negá-lo, fui miseravelmente infeliz.

Acredito que cada um decide como amar, quem amar, quantos e quanto amar e o que isso significa.

Acredito na soberania radical da pessoa sobre seu corpo.

Não acredito em política nova sem linguagem nova.

Acredito na amizade como a forma suprema do relacionamento humano.

Acredito nas cigarras.

Acredito em pequenas livrarias.

Acredito em igrejinhas, não acredito em templões.

Não acredito em nada que se arrogue o poder de governo. Já que existe, porém, um governo, que faça escolas, bibliotecas e dê a todos oportunidades iguais.

Acredito que o objetivo da escola é educar tanto que a educação normativa se torne obsoleta.

Acredito na abolição de todas as fronteiras.

Acredito no nomadismo.

Acredito que todos os pertences de uma pessoa devem caber, no máximo, em um automóvel popular.

Acredito na troca livre entre os homens, desde que respeitados os preceitos da elegância e da ternura.

Acredito mais na economia da dádiva do que na da compra.

Acredito mais na preguiça do que no trabalho.

Acredito na festa, mas infelizmente não sei dançar.

Acredito no Rio de Janeiro e na praia.

Acredito em Arthur Bispo do Rosário.

Acredito no diálogo, mas sei que ele é menos potente do que imaginamos.

Acredito que o maior inimigo do artista é o clichê. Acredito que o artista é o maior amante do clichê.

Acredito em uma nova torre de marfim, mas não necessariamente de marfim, onde todos os que amam o pensamento e a arte podem congregar. Uma torre aberta ao público, mas bem alta e fortificada. Fortificada contra os ataques dos imbecis violentos. Bem alta para proteger os livros e quadros do oceano que vai subindo.

Acredito mais no urso-polar se equilibrando num naco de iceberg do que no discurso molenga da sustentabilidade, no qual cada um "faz a sua parte" e ninguém faz porcaria nenhuma.

Acredito na interpretação de texto.

Acredito na internet como potência de troca e fertilidade de pensamento. Devo ser um dos últimos.

Acredito nas fotos velhas de desconhecidos, no grande arquivo que, de certa forma, nos redime um pouquinho.

Acredito que na maior parte das vezes basta prestar atenção.

Acredito na abóbora.

Acredito na potência florestal do ser humano.

Acredito nas grandes massas de água.

5 de setembro de 2016

O erro na Lava Jato

Vou falar de um tema espinhoso. Espinhoso e grave. De gravidade nacional. Nesses casos, o melhor é ir logo dizendo, para o leitor pular para outro texto, caso se sinta perturbado: o nome da Operação Lava Jato está errado.

Nesses meses todos de balbúrdia político-policialesca, não vi o nome grafado corretamente em lugar nenhum. Os jornais dão "Lava Jato" ou "Lava-Jato", mas a questão não é bem de hífen, é um equívoco de origem. A investigação puxou o primeiro fio do novelo criminoso em um estabelecimento de lavagem rápida de automóveis, um lava a jato. Um lava jato, sem o "a", me parece que seria um local onde se limpam aviões, algo que a nossa cafona classe política, embora não sinta vergonha de ostentar seus jatinhos, ainda não teve a sacada perversa de inventar.

Ou seja, o problema começou na Polícia Federal. A PF costuma batizar suas operações com o maior esmero, sempre eivada de inspirações mitológicas (como as operações Curupira, Zeus, Morpheu, Loki e muitas outras), literárias (operação Senhor dos

Anéis, operação Vidas Secas...) e até operísticas (operação Nessun Dorma, uma ária de Turandot, a ópera de Puccini). Chegam mesmo a alguns píncaros de primitiva inspiração poética, como nas operações Espectro Negro, Muro de Fogo, Anjos do Sol, Neve no Cerrado ou a singela operação Centelha.

Fiquei muito impressionado, portanto, quando vi que a tal maior operação anticorrupção da história republicana foi para a rua com uma corrupção primária da língua oficial. A crise deve ter minguado os recursos do Departamento de Batismo de Operações, devem ter demitido o revisor e o gerente-batizador dormiu no ponto. E ninguém, até agora, veio a público se retratar.

Sempre que passo na frente de um lava a jato com sua plaquinha modesta escrita corretamente (LAVA A JATO SIQUEIRA ou algo assim), imagino a pequena angústia do dono. Pobre Siqueira, todo dia acorda, lê o jornal e vê que sua placa está diferente do nome da operação que está higienizando a nação. Estará errada, a placa? Vai ter que gastar dinheiro para trocar? Só pode estar errada, um país inteiro não pode estar errado. Vai ter que ligar praquele sobrinho que gosta de ler. Mas não quer ligar, não pode gastar esse dinheiro agora. Sempre um custo, sempre um problema... A gente não tem descanso. O Siqueira tem certeza de que, de algum modo, é culpa do Lula.

A história sempre vem com seus errinhos engraçados, que abrem a interpretação para os errões que não têm graça nenhuma. Um desrespeito à norma culta (o "português oficial") no nome de uma operação das mais oficiais ficará como um bombonzinho interpretativo para os historiadores futuros. Se a Lava Jato [sic] mudar mesmo os rumos do país, a falta do "a" será um detalhe irônico interessante: na sanha justiceira de respeito às regras, esquecemos de respeitar a regra gramatical.

Estamos acostumados; este é o país cuja independência de Portugal foi decretada por um membro da Família Real portuguesa.

Como diz um amigo meu, tudo é muito engraçado até alguém perder um olho.

30 de setembro de 2016

Quatro propostas para estátuas novas

Outro dia picharam, de novo, o Monumento às Bandeiras, de Brecheret, e a cafona estátua do Borba Gato, ambas em São Paulo, provavelmente em protesto contra a persistência da narrativa que coloca os bandeirantes como heróis brasileiros. O que é e o que não é, quem é caubói e quem não é… tudo isso é história para outra hora. Aqui, quero propor algo mais singelo.

Num texto em que falei sobre o caso, escrevi: "Há estrondosamente mais monumentos a assassinos do que a sapateiros, confeiteiros de bairro e cães". Imagino que ninguém discordaria. Pois bem. Para mudar a situação, seria preciso, então, pensar em gente realmente homenageável para colocarmos, em forma de estátua, nos nossos espaços públicos. Aqui vão quatro sugestões. Vocês me ajudem.

1) SINHÁ OLÍMPIA — Dona Olímpia foi uma figura folclórica de Ouro Preto. Meio louca, andava pelas ladeiras da cidade pedindo trocados, sempre vestida com roupas e chapéus extravagantes, apoiada num cajado enfeitado com tiras coloridas e flores. Se-

gundo inúmeras reportagens, foi "a primeira hippie do Brasil", embora sua história seja talvez mais afeita ao século XIX: enlouqueceu porque, reza a lenda, foi impedida de casar com seu grande amor. Sua estátua, naturalmente em Ouro Preto, teria o mais barroco dos estilos.

2) O MENINO PETROPOLITANO COM MANUEL BANDEIRA — A imagem é o recorte de um jornal ou, mais provavelmente, de um livro. Mandei imprimir e sempre a tenho comigo, às vezes na parede à frente da mesa de escrita. Uma estátua desse menino em Petrópolis, com esse olhar, descalço e maltrapilho, com ou sem Bandeira. Bem na frente do Museu Imperial.

3) MONUMENTO AO CONFEITEIRO DESCONHECIDO — Assim como há monumentos ao soldado desconhecido, talvez seja a hora de erigirmos alguns aos confeiteiros desconhecidos. A confeitaria é uma das formas mais altas de poesia e uma das razões pelas quais nos juntamos em cidades, quaisquer cidades.

4) O CORREDOR DO PARQUE DO FLAMENGO — Quando eu costumava correr no Flamengo, conheci um senhor que todo santo dia corria pela manhã, sem camisa, de shortinho, chapéu vagabundo, com sandálias havaianas e dois sacos plásticos cheios de arroz, para exercitar também os braços. Muitos, além de mim, conviveram com esse bizarro exemplo de força de vontade e desprendimento físico. Eu o esculpiria na ciclovia mesmo, no ato da corrida, paramentado modestamente como sempre o vi, testemunho da loucura e da beleza dos homens.

4 de outubro de 2016

De Amicis e as febres da bicicleta

Olhando bem, a bicicleta é um aparelho esquisito. É o esqueleto de um animal incapaz de se manter de pé, movido a pedais e corrente, com três círculos, guidão e um pungente cheiro de graxa. O homem pré-histórico, se visse uma ali jogada na savana, teria a certeza de que os deuses, por um descuido qualquer, deixaram as engrenagens do universo à mostra. E não ficaria impressionado. A máquina do mundo, se se parece a uma bicicleta, é um tanto desengonçada.

Mas, com esse disparatado veículo, o homem inventou uma beleza difícil de igualar. A bicicleta é mais humana que o cavalo e, ao mesmo tempo, mais humana que a moto. Um homem a cavalo é só um animal sobre outro animal. A moto tem a trapaça do motor a combustão. Um ser humano sobre uma bicicleta é o mais próximo que chegamos de ser centauro.

Edmondo De Amicis (1846-1908), autor do clássico *Coração* (1886), conhecia essa beleza. Em uma longa crônica publicada em 1906 (na coletânea *Pagine Allegre*), o italiano escreveu: "A desproporção entre esses corpos grandes e pesados e as duas pequenas rodas [...] dá aos cavalheiros a aparência de elefantes dirigindo um tílburi". De Amicis, já nos últimos anos de vida, se renderia ao desajeitado milagre do ciclismo.

O relato, A tentação da bicicleta, foi publicado este ano pela paulistana Editora Nós, em tradução de Gabriel Perissé. O livro é bem-acabado e seu texto, quase desconhecido, tornando-o objeto de desejo de qualquer ciclista que goste de curar suas dores (as lombares, as queimaduras solares, as dores inomináveis) lendo.

De Amicis escreveu no auge do que se poderia chamar de Segunda Febre Ciclista, quando a bicicleta, inventada nas auroras mitológicas da humanidade — uns dizem que Da Vinci desenhou o primeiro protótipo, os chineses a atribuem ao lendário inventor Lu Ban (507-440 a.C.) —, finalmente ganhou o aspecto que tem hoje. A Primeira Febre foi protagonizada pelo modelo de Pierre Michaux, com a roda dianteira maior (a imagem que temos da "bicicleta de outrora"), que seus contemporâneos carinhosamente apelidaram de "sacode-ossos".

O final do século XIX testemunhou a ascensão definitiva da bicicleta, sua Era de Ouro, deliciosamente cronicada por De Amicis, um fiel pedestre, amante do "mais triste dos quadrúpedes", a escrivaninha de escritor. Seus sonhos são povoados pela bicicleta, os autores da época louvam suas qualidades, seus amigos o incitam a adotar a novidade, mas ele resiste. "Experimentei [...] aquela triste melancolia típica dos solteirões inveterados quando constatam que até seus amigos de mais idade resolveram se aproximar do sacramento do matrimônio".

O texto tem o sabor da ironia do século XIX ocidental, fruto de uma autoconfiança que seria destruída pelo horror do século seguinte. O ironista do oitocentos era plenamente seguro de si, por isso podia apontar para o próprio umbigo e para o dos outros com uma derrisão quase terna (basta pensar no nosso Machado, por exemplo). As coisas mudaram. Mas, mal e mal, nunca descemos da bicicleta.

Hoje, vivemos a Quarta Febre Ciclista (a Terceira se deu lá pelos anos 1970). Cafés com tema de ciclismo pululam nas metrópoles brasileiras, as ciclovias (criadas pelos franceses na década de sessenta, isto é: 1860) causam furor em São Paulo, movimentos pregam a bicicleta contra as mudanças climáticas. Este livro vem em um momento propício.

Quanto a nós, ciclistas amadores, centauros herniados e doloridos, a nós nos resta ler. Como diz Ander Izagirre, ciclista e historiador do Tour de France (*Plomo en los bolsillos*, 2012), chega uma época "em que dizem aos ciclistas medíocres que é melhor se dedicarem à poesia".

1º de novembro de 2016

Explicar aos mortos o mundo

Outro dia, lendo uma crônica do Domeneck, lembrei da minha avó. A minha também fazia bolinhos de chuva para apaziguar a vida, igual à do poeta. E lembrei que há alguns anos escrevi um poema para ela intitulado "Notícias para Nira", porque o lado de lá deve ser um tédio.

Como fazia um tempo que não mandava as novas, pensei em lhe escrever de novo. Talvez ela gostasse, ou talvez os mortos fiquem magoados ao saber do mundo. A invasão do caos vivo na calma do além deve ser desagradável. Por lá, ninguém precisa de bolinhos de chuva, lá é o grande apaziguamento. Talvez nossas orações sejam zumbido de pernilongo nos ouvidos dos mortos. Eles tentam dormir.

E, meu Deus, por onde começaria? Fidel Castro morreu, mas ela se lembraria de quem era? Desde 2010, quando lhe escrevi, o Brasil elegeu a primeira mulher para a presidência da República. Sim, ainda temos República. Depois a tiraram do cargo. Os americanos andam tropeçando em si próprios, os russos começam a falar grosso. Prenderam alguns governadores do Rio.

O clima foi definitivamente para o beleléu. O mundo está esquentando, vai virar um imenso Bangu. A cada ano que passa, parece que tudo vai ficando pior, mas não sei exatamente o que é "pior". Pior do que o quê?

Eu ainda não fiz trinta anos. A família vai bem. A gente vai levando. Você tem mais bisnetos, nenhum meu. Eu também vou levando.

Vou carregando a tradição familiar: baixo uns santos de vez em quando, mas o futuro é uma coisa realmente difícil de se ver com clareza. Os ursos-polares têm fome, estão ameaçados de extinção. O urso-polar virou símbolo da época, você vê, neste calorão. Mas os vaga-lumes da serra também pararam de piscar tanto quanto antes. As abelhas não andam bem. Quando a senhora era viva, ainda existiam rinocerontes-negros, leopardos-nebulosos, maçaricos-esquimós. Eles estão aí agora? A senhora tenha cuidado com os leopardos.

O tédio daí é melhor do que o daqui? As coisas se bagunçam, mas parece que sempre dão um jeito de parecer o que sempre foram. No computador agora a gente pode ver qualquer filme e ler as notícias. Falar ao telefone ficou démodé. O mamoeiro da casa de mamãe dá mamões, mas não são muito doces, estamos tentando resolver. Meu cachorro operou a pata traseira e vai mancar por três meses. Tentei parar de fumar, mas acabei voltando. Nunca fiz bolinhos de chuva, mas as pessoas dizem que eu cozinho muito bem. O ser humano nunca mais pisou na Lua, não é esquisito?

De resto, tudo igual.

Um beijo.

27 de novembro de 2016

A jabuticaba no lado certo
da História

Acabo de ler a biografia do Rubem Braga, escrita por Marco Antonio de Carvalho. Achei num quiosque da rodoviária Novo Rio, entre espécimes tristes a cinco, dez reais: romances água com açúcar, catálogos de armas de guerra, manuais de como emagrecer, como ser feliz, como enriquecer com seu cônjuge, como lidar com a depressão. Ao lado da do Braga, estavam as vidas de Glauber Rocha, Oswald de Andrade, um ou outro empreendedor de sucesso. As biografias andam em ponta de estoque. A última vez que vi alguém falar que leu uma foi num casamento, há muitos anos, e era a de Steve Jobs. Todo mundo quer ter inventado o telefone.

Não torço o nariz para o Steve propriamente, nem para suas engenhocas, que não tenho dinheiro para comprar. O que sempre me incomodou foi a hagiografia de Jobs santo padroeiro dos que se dão bem, IN HOC SIGNO VINCES: uma maçã mordida. Por profissão e temperamento, histórias de sucesso me entediam. E impérios me irritam, não importa seu tamanho nem do que são feitos.

Aí vem o Braga, inventor disto que a gente chama de crônica, um troço que é irmão do lirismo de Heitor dos Prazeres e filho da necessidade de trabalho dos jornalistas pequenos. Um troço que não é o *Vida dos doze césares*, e ainda bem, ou eu não estaria aqui escrevendo.

A vida de Rubem Braga não é o que se considera uma história de sucesso. Foi publicamente míope: começou por achincalhar o cinema falado (como Vinicius de Moraes) e foi fundo. Achou o modernismo paulista uma bobagem. Por uns breves textos, condenou o voto feminino, por achar que era um eleitorado carola, que só pioraria as coisas. Jamais entendeu que Vargas, seu nêmesis vitalício, se tornara figura histórica e, portanto, passível de escrutínio artístico. Geralmente refratário a posições de poder (por imposição, pois costumava estar sempre do lado perdedor), foi embaixador de Jânio Quadros quando se viu na crista. Muitas vezes foi preguiçoso, anti-intelectual e, em alguns momentos dolorosos da vida, covarde. Não sei se morreu satisfeito, biografia nenhuma é capaz de dar conta disso. Imagino que não. Mas amava jabuticabas.

As jabuticabas não redimem a História. Nunca redimirão, nem foram feitas para isso. O jardim não redime ninguém, por mais que pequenos príncipes jurem o contrário. O que a jabuticaba faz é nos colocar em perspectiva. É uma fruta do tamanho de um olho humano. Temos dois, mas não dá para enxergar muita coisa. A jabuticaba é uma versão mais saborosa do "Poema em linha reta" de Pessoa ("Todos os meus conhecidos têm sido campeões em tudo" etc.). A crônica, tal qual Braga a praticava, partilha da essência jabuticábica: bota a gente em perspectiva.

Por temperamento e profissão, sou do bloco da vida pequena, confusa, emporcalhada. Desconfio de uniformes que não sejam de sex shop e de messias que não os falsos barbudos de Carnaval. Acho engraçado quando dizem que, pelo menos, estão no lado certo da História, na vanguarda da arte, no caminho certo para a prosperidade. Eu não sei nem para que lado fica Cachoeiro de Itapemirim. Sempre na dança das cadeiras. Sempre meio tonto. Quase sempre tendo derramado cerveja na camisa.

A salvação nacional vocês me deem, por favor, com o engov de amanhã. Vou tentar engolir. Juro que vou tentar engolir. Mas não me venham com gracinhas, com olha-o-aviãozinho, que aí já é abusar da paciência. E a bebida de ontem bota na conta do Braga, que eu ando sem crédito.

7 de dezembro de 2016

2017

Declaração de independência

Fundei um país.

O meu país não tem nome, mas tem bandeira. No quarto dia deste ano, fotografei meu cachorro, o Gaspar, e decidi que 2017, no calendário das minhas astrologias, seria o Ano do Cão, que rege quatro virtudes cardeais: elegância, ternura, honra e altivez. As quatro estão representadas na bandeira do meu país, que tem as cores do Gaspar: preto (elegância), mostarda (honra), branco (ternura) e marrom-musgo (altivez). A primeira figura histórica do meu país foi a Tia Jupira, costureira de porta de loja na serra fluminense, que confeccionou a bandeira.

O meu país, portanto, foi fundado no dia 4 de janeiro de 2017. Não gritei nada, porque não sou muito de gritaria. Estava de pijama.

O meu país não tem fronteiras nem alfândegas. Sou eu andando, o meu país. Eu e as minhas porosidades. Logo, quando estou em solo internacional, não sou força invasora nem atento à soberania. De certa forma, embora eu mesmo seja o meu país, estou sempre em solo internacional. O meu país é a diluição de fronteiras.

O grande produto de exportação do meu país é o hálito, que em certos invernos pode ser visto a flutuar próximo à boca, com mais frequência se estou apaixonado. O meu país importa o ar dos países vizinhos e, segundo acordos firmáveis de boa-fé, o hálito e a saliva dos habitantes de outras nações.

O meu país é ingovernável.

O meu país não tem exército, mas é indevassável.

O meu país é a migração total. O comércio miúdo nas feiras, o café oferecido por gentileza, todas as línguas são o meu país — e sua mistura. Todo prato de comida é o meu país, arroz e feijão, sushi, babaganoush, samosas.

O padroeiro do meu país é Ogum, senhor das estradas, em cujas encruzas encontramos muitos outros deuses e lhes prestamos homenagens.

Todo e qualquer cidadão natural de outra nação pode se tornar o meu país. Toda nação pode se tornar o meu país. Toda canção pode ser o meu país.

O hino do meu país é a sua voz.

Vida longa ao meu país.

13 de janeiro de 2017

A canga é um portento

A canga, meus amigos, meus inimigos, é um portento. No Brasil, o retângulo de pano faz mágica: é tapete na areia, toalha na saída da água, travesseiro aos sonolentos de sol, turbante, saiote ou calça, capa para cobrir o torso murcho dos homens tímidos ou cachecol de aviador ao vento, para os exibidos. A canga pode ser quase tudo. Eis aí uma heroína civilizadora do Antropoceno: é o menos que se multiplica em muito mais.

Não sei se existe um livro que conte a história da canga, nunca encontrei. Parece que ela veio dos Grandes Lagos Africanos, e lá ainda é muito utilizada, por mulheres e homens. A própria palavra retraça sua origem: "canga" vem do velho bantu "ku-kanga", "envolver". É uma vestimenta tão antiga que existe no raro plano temporal do sempre. Em outra versão, a canga teria sido inspirada nos lenços dos exploradores portugueses e virado febre no século XIX. Segundo essa hipótese, o vocábulo "canga" viria do nome suaíli da galinha-d'angola. Para Nei Lopes, "canga" é derivado de "tanga", o tecido que os escravizados que vinham para o Brasil traziam enrolado no corpo. Como tudo que é mítico, a canga se perde nos becos da história.

Na África, é costume haver provérbios, versos e mensagens diversas escritas nas bordas das cangas. Em suaíli, por exemplo: DUNIA DARA ("A Terra é redonda"), MAJIVUNO HAYAFAI ("A ganância é inútil"), SISI SOTE ABIRIA DEREVA NI MUNGU ("Somos todos passageiros, Deus é quem guia"). A tradição foi lembrada pela artista tanzaniana Lubaina Himid num projeto de 2012 intitulado "Kangas from The Lost Sample Book", modelos retirados de um livro imaginário, mas cangas que eu certamente levaria para uma tarde no Leme, com mensagens como ALLOW YOUR FRIENDS TO MEET YOUR ENEMIES ("Apresente seus inimigos aos seus amigos") ou LEAVE THE STATE OF UNBELONGING ("Abandone o estado de despertencimento").

Aqui no Brasil, o coletivo Opavivará distribuiu, nos chacoalhos de 2013, cangas com vários dizeres, como TODO PODER À PRAIA, que encerra, para mim, uma fertilidade imensa. Como escrevi noutro texto: "a frase não só confere poder à praia (que a praia tenha todo o poder), mas envia todos os poderes à praia, território igualitário, como reza a velha lenda carioca. [...] Trata-se, pois, de um empoderamento e uma diluição de todo poder". Bem ao meu gosto. O coletivo está promovendo um novo cangaço, mas esta leva de cangas vem com outras mensagens.

A moda podia pegar por aqui, para incluirmos mais uma nas multifunções da canga: a de mensageira. Bandeira dos novos tempos. Pois sim, um portento.

26 de janeiro de 2017

O muro

Esta era a geração que diluiria as fronteiras nacionais. Em vez disso, estão a erguer muros para lhes dar concretude.

O muro é a burrice tornada estrutura visível. Se o teste da verdadeira inteligência é manter duas ideias opostas na cabeça ao mesmo tempo, como disse Fitzgerald (ou em bom brasileiro: ver os dois lados da coisa), a estupidez é de natureza mural. O muro só tem vista para um lado, sem janelas e, em geral, quem fica em cima está com o fuzil apontado para o lado de lá. A função do muro é produzir lados-de-lá.

O muro é cafona. É o bronzeado laranja da arquitetura, a sobrancelha acaju das fronteiras, que por si só já não são lá muito elegantes. A Muralha de Adriano e a Muralha da China são cafonas. Sua antiguidade não lhes concede vetustez.

O muro é um símbolo, mais do que qualquer outra coisa, pois já se inventaram aviões, escadas, trampolins, cordas e sapatilhas de escalada. Como símbolo, é pouco imaginativo. Já existem muralhas figuradas, e muito mais eficientes, impedindo a circulação livre dos seres humanos pelo planeta. O recurso desesperado ao clichê em sua variante mais literal sempre indica o fim de algo. Pode ser o fim de um império, da inteligência ou mesmo só o da honradez.

O muro é a chupeta do adulto infantilizado. Apazigua, mas não alimenta. Depois de um tempo, começa a deformar os dentes, despertando uma vontade incontrolável de morder. O adulto tem fome, mas o muro não o sacia. O adulto faminto e raivoso é perfeito para ocupar trincheiras.

A trincheira é o sonho do muro, assim como o muro é o sonho da trincheira.

6 de fevereiro de 2017

Impressões do Peru

1. Quando eu era menino, queria viver num hipermercado, desses que vendem de iogurte a pneus. Fui crescendo e subindo na pirâmide de necessidades: aos quinze, queria viver na National Gallery de Londres, com expedições à Portrait Gallery, que fica ao lado. A promessa cornucópica nunca me abandonou: quando estava nos museus de Lima, encantado pela cerâmica mochica ou pela paleta têxtil da cultura paraca, queria ser, por algumas horas, capaz de registrar todos os detalhes, como Funes, o Memorioso, de Borges. A máquina fotográfica não sacia essa vontade de lembrança total. É preciso ser mendigo: andarilhar de museu em museu, habitá-los até ser enxotado como um cachorro. É preciso ser fantasma e assombrar todos os museus do mundo, como um personagem de Sokurov.

2. A algumas quadras da Plaza Mayor de Cusco, está o convento de Santo Domingo, um prédio vermelho com um muro inca, cinza-escuro, cortando a fachada que dá para a avenida

243

onde cusquenhos e turistas caminham olhando para o alto, ressabiados com o clima imprevisível da cidade. Ali ficava Qoricancha, o templo dourado, dedicado a Inti, o deus Sol, um dos locais mais sagrados da cultura inca. Não foi por acaso que os invasores espanhóis escolheram esse pedaço de terra para doar à Ordem dos Pregadores, nem por acaso os dominicanos o aceitaram.

O convento, lindíssimo, foi construído em substituição ao templo inca, utilizando sua estrutura: as paredes foram pintadas e os nichos originais, onde antes repousavam artefatos religiosos incas, passaram a abrigar imagens católicas. O convento fagocitou o Qoricancha em 1633, cem anos após a chegada dos espanhóis.

Diversos terremotos, porém, comprometeram a estrutura espanhola. Em 1650, o convento quase ruiu por completo. Em 1950 também. A cada abalo, o templo inca resistia, revertendo a fagocitose colonial. Hoje, o conjunto ainda serve como claustro dominicano, mas o edifício principal se tornou um museu, o Qoricancha/ Santo Domingo, que expõe tanto as peças incas que não foram saqueadas quanto o acervo católico. Não é difícil perceber como esse amontoado de idas e vindas arquitetônicas ilustra a história da América Latina — e o quanto de controvérsia ainda existe na barra que divide o nome do museu.

Há uma tensão perene nos sítios arqueológicos peruanos. Mais de uma vez, ouvi que muitos espanhóis ficam irritados ao serem confrontados com o passado colonial. Por outro lado, em Machu Picchu fui perguntado se era holandês, porque a América estaria em outra situação se não tivesse sido colonizada por espanhóis e portugueses. Eu realmente gostaria de acreditar em Hamid Dabashi quando diz que o pós-colonialismo está em vias de extinção, mas não é o que se vê aqui — nem no Brasil.

3. Dizem que o clima de Cusco tem o caráter do amor. Chove, não chove; beija, não beija. Três graus à noite no verão, sol de brasa ao meio-dia.

4. Aqui, finalmente li os livros de Antal Szerb, cuja obra-prima, o romance *Utas és holdvilág*, de 1937 (li na tradução da Pushkin Press: *Journey by Moonlight*), me impressionou profundamente. O misto de erudição (Szerb publicou diversos volumes de teoria e crítica, incluindo uma história da literatura mundial, antes dos quarenta anos) e descarrilamento adolescente me pareceu único. Szerb morreu espancado em um campo de concentração em Balf, em 1945, depois de se negar diversas vezes a escapar. Queria compartilhar o destino de sua geração. Tinha 43 anos de idade.

5. As casinhas e os templos de Machu Picchu me pareceram a folhagem rochosa dos imensos tubérculos de pedra fincados no planeta.

6. "A geografia é o meu mais potente afrodisíaco" (A. Szerb, *Journey by Moonlight*).

7. Uma noite, enquanto eu dormia num beliche de albergue, mais cedo do que os demais, uma sul-coreana acendeu a luz e me mostrou um papel escrito em inglês: "Me perdoe, mas vou embora amanhã e preciso acender a luz para arrumar a mala L.". Foi a primeira e única vez que a vi.

8. Duas amigas me perguntaram, no estilo telegráfico buena onda dos viajantes, como eu me definiria. Fugi da pergunta, rodeei, rodeei, até que disse: "No lo sé. Vivo y veo". Aí está uma boa definição, as amigas disseram. Vivo y veo.

20 de fevereiro de 2017

Carta para Violeta

Doña Violeta, señora
quantas vezes não chorei
em seus braços
despejado em seu colo
como no colo de minha mãe
como uma madonna, señora
com meus ais jesuscristinhos.

Doña Violeta, señora
quando a conheci yo era niño
"Los cuatro grandes poetas
de Chile son tres:
Gabriela Mistral Pablo Neruda Violeta Parra"
um niño quase-chileno
como quase-brasileiro sou
e quase-tudo vou sendo.

Doña Violeta, señora
estou a caminho de Antofagasta
mudarei meu nome para Run-Run e
como na canção, "me voy
sin dar una señal"
nos meus carros de olvido.

Doña Violeta, señora
vou para vê-la
mas a senhora morreu muito antes
de eu nascer.

Doña Violeta, señora
no Norte farei a curva
tendo enterrado minhas oferendas
com meu amor desatado no mundo
e o vinho no peito, ¡señora!
não me deixa mais chorar.
A vida não é mentira
mas la muerte es verdade
¡ay ay ay de mi!

Doña Violeta, señora
estou tão feliz
quase criminosamente
feliz.
Todos precisam trabalhar
voltar a seus países e trabalhar
para pagar a próxima volta ao mundo.
Para onde volto eu?

8 de março de 2017

América do Sul em chamas

Eu estava num ônibus a caminho de La Paz, no que me parecia ser o meio da estrada, quando vimos os primeiros automóveis dando meia-volta. Um pouco mais à frente, motoristas fumavam ou mascavam coca encostados nas dezenas de ônibus parados no acostamento. Vínhamos de Cusco, em um carro peruano cuja tripulação decidiu não se aventurar. O motorista parou, nos mandou descer e seguir a pé até o terminal. "Ouvi disparos", disse a uma das moças que nos ajudou a cruzar a fronteira. "Vamos voltar para o Peru. Somos peruanos".

Alguns mochileiros, pais com filhos pequenos, uma senhora de muletas, todos nos pusemos a caminhar pelo asfalto: a moça garantiu que o caminho era curto e que, em grupo, os manifestantes não nos atacariam, mas apedrejariam qualquer automóvel que tentasse furar o bloqueio.

Cheguei a La Paz no dia de um grande protesto de *cocaleros*, plantadores da zona tradicional que vieram à capital marchar contra uma lei que delimitava o cultivo da coca, que nos Andes é mascada há mais de cinco mil anos, cotidianamente, além de ser usada em rituais religiosos. Masquei algumas na travessia de três dias pelo deserto, pois alivia o cansaço e o mal de altura — e me pareceu inofensiva. O caso é que a planta também é a base da cocaína.

Quase todos os países pelos quais passei estavam em ponto de pólvora. No Peru, o escândalo da Odebrecht fez com que um ex--presidente fugisse do país. Os tentáculos da corrupção peruano--tupiniquim, segundo os jornais, desciam até a lama sangrenta dos governos Fujimori. Os bolivianos tentavam frear a vontade de reeleição eterna de seu presidente, assim como os paraguaios, que há alguns dias atearam fogo ao Congresso em Assunção. As autoridades uruguaias juravam de pés juntos que não havia carne podre no país. Na Argentina, conheci voluntários de um programa de assistência a crianças carentes que voltariam a suas pátrias europeias completamente desgostosos. No Chile, a força acachapante da indústria mineira aumenta os abismos entre ricos e pobres: em Antofagasta, um líder comunitário disse que eu estava numa cidade com o PIB de Londres e a violência do Rio de Janeiro. "Então tome cuidado."

Nos muros, os slogans são parecidos. A luta feminista parece ganhar visibilidade em todo o território andino, com a reação que os brasileiros também conhecem. Ao lado de pichações progressistas, lá estão os indefectíveis cartazes contra a "ideologia de gênero": "Com meu filho você não se meta!". No metrô argentino, outdoors sugerem que os ricos paguem pela crise. Em Porto Alegre, onde estou agora, há tantos cartazes anarquistas que Buenaventura Durruti se sentiria em casa: "Nem esquerda, nem direita. Anarquia!".

Aliás, a capital gaúcha, nas duas vezes em que a visitei recentemente, parece estar desfazendo os surrados nós que prendiam o anarquismo à esquerda. Algo está acontecendo aqui, embora os antigos clichês visuais (o coquetel molotov etc.), os cacoetes retóricos (a palavra de ordem mal-ajambrada, que geralmente falha em se comunicar com quem deveria) e os demais acessórios que marcam o velho anarquismo de paróquia ainda precisem ser depurados. Mas há, sim, uma potente vontade libertária fincando pé, à qual os gaúchos foram empurrados pelo total descalabro governamental.

Sempre que eu me identificava como brasileiro, a pergunta era a mesma: "E como está lá?". Os europeus tinham ouvido falar de um golpe parlamentar, de uma trama shakespeariana de quinta, cheia de reviravoltas e facadas nas costas — à qual não faltavam os bobos da corte cantando no Congresso. Eu tentava explicar. Com os sul-americanos, porém, me entendia melhor. Ouviam a história e sorriam, compreendendo tudo. Quando disse a um sociólogo peruano que o novo presidente é poeta, poetinha de versos empolados, ele riu e disse algo como "Todos os nossos tiranetes acham que são artistas". É igual em toda parte, eu respondi. "É igual em toda parte."

3 de abril de 2017

Leva meu corpo junto com meu samba

A mãe da minha mãe, já velhinha, baixava uns santos lá em casa. O meu preferido quando criança era o erê Joãozinho da Praia, que fazia o corpo envelhecido de vovó correr pela cozinha, tomar goladas de guaraná e comer açúcar direto do pote. Joãozinho me dizia quais meninas gostavam de mim no colégio, fazia graça com meus pais como se fosse meu amigo — e adorava pular Carnaval. Uma vez o ouvi dizer que era proibido os erês descerem à terra no Carnaval, mas ele ia assim mesmo, ficava no topo dos carros alegóricos dançando. E riu, como moleque que é.

Gosto muito dos erros de percepção que acabam abrindo espaço para novos jeitos de enxergar. Por exemplo, outro dia estava com o Dimitri BR e começamos a cantar "Não deixe o samba morrer", o clássico de Edson Conceição e Aloísio Silva. Ele logo percebeu que eu cantava diferente: "Quando eu não puder pisar mais na avenida,/ quando as minhas pernas não puderem aguentar,/ leva meu corpo junto com meu samba". Ou seja, havia uma quebra depois das pernas, um pedido: leva o meu corpo. E não, como é o correto, a continuidade da frase: "quando as minhas pernas não puderem aguentar levar meu corpo junto com meu samba"…

Para mim, "Não deixe o samba morrer" sempre tinha sido uma espécie de cântico funeral. Imaginava o caixão do sambista mais velho sendo carregado enquanto o samba ia junto, o anel de bamba como herança pós-morte, o último pedido ecoando do Além, risonho e potente. Meio diferente da interpretação usual, como meu amigo me apontou. Aí lembrei do Joãozinho da Praia.

"Eu vou ficar no meio do povo espiando,/ minha escola perdendo ou ganhando/ mais um Carnaval", eram esses os versos que me faziam acreditar que o samba se dava em outro plano astral. Que, como Joãozinho, o sambista, agora já refeito em espírito, desceria ao mundo dos vivos no Carnaval, mesmo proibido, para se juntar à festa. Porque no samba todo mundo vive. Na minha terra, atrás do Carnaval vai até quem já morreu.

24 de abril de 2017

Pequena antologia de comentários em portais de notícia

As caixas de comentários nos sites de notícia são a cracolândia da opinião pública. Por muito tempo as frequentei, em busca da verdade. O que meus concidadãos *realmente* pensam? Que asneiras meus vizinhos confessam somente a si mesmos e, anonimamente, a leitores aleatórios? Aos poucos, fui guardando algumas máximas de sabedoria universal, que reuni nesta pequena antologia. Estão separadas por tópicos, padronizadas e algumas corrigidas, em respeito à variante culta do português.

SOBRE GOVERNO

♟ Tem que pressionar em Brasília, reunir todo o país e fechar o Congresso e a Câmara dos Deputados, e pressionar a presidente a renunciar.

♟ Sou contra *toda* a classe política, pois *todos* são psicopatas viciados em dinheiro. São todos farinha do mesmo saco. Uns roubam mais outros menos, mas está no DNA de todos. Tem que mudar o sistema e acabar com a impunidade.

♟ Acho que quem recebe benefício do governo tem que ser impedido de votar, pelo menos temporariamente, senão vão ficar votando sempre nos mesmos ladrões. Aí nada muda.

♟ Antes da ideologia somos brasileiros, cadeia ou morte para políticos ladrões, aliciadores, lobistas, e chega de endeusar quem não merece. Acorda, Brasil!

SOBRE ECONOMIA NACIONAL

♟ Sabe quando os urubus ficam atrás de uma carniça? Então... a carniça é o Brasil e os urubus são os banqueiros. Mesmo na desgraça eles estão ali para tirar algum proveito.

♟ O Brasil não está em crise financeira... mas sim em crise moral!

♟ Com 2 trilhões de impostos, daria para termos um país melhor, com verdadeira distribuição de renda e da terra. Mas, infelizmente, essa dinheirama tem descido no ralo do esgoto da corrupção, para abastecer a conta bancária dos corruptos.

SOBRE CRIMINALIDADE

♟ Quando o cidadão de bem estiver armado, o bandido vai ter que procurar emprego. Cidadão de bem armado, eu apoio!

♟ As vítimas eram bandidos ou gente de bem? Caso bandidos, nada a lamentar. Caso inocentes, que a polícia apure e coloque os assassinos por longo tempo atrás das grades.

♟ A lei foi criada para os transgressores, quem é cidadão de bem e cumpridor da lei não precisa temer.

♟ Esse é o estado em que o Brasil vive, os bandidos praticamente dominando o país e quando presos são mais bem tratados do que o trabalhador, que passa aperto no transporte, é garfado pelo governo para dar boa vida aos bandidos. Preso tem comida, roupa lavada, escolta armada, altos muros de proteção e o trabalhador paga tudo isso.

♟ Castração química para esses maníacos.

♟ No Brasil é assim: se você agredir homossexual, negro, nordestino, mulher, imigrante ou algo do gênero, tudo bem, acontece. Mas se ousar agredir um bandido, seja ele maior ou menor, sua vida acabou. O ladrão vira vítima e você o bandido. País medíocre.

SOBRE EDUCAÇÃO

♟ A verdade é que a educação nunca está em primeiro lugar nas prioridades do governo. Fazem algumas coisinhas para "inglês ver" e deixam o que é ruim ficar ruim. Um povo instruído pensa melhor e um povo que pensa enxerga melhor os problemas reais do país… principalmente a corrupção. A boa educação não interessa ao governo.

♟ Que bom seria que todos esses humilhados, escarnecidos professores arrumassem um outro emprego e deixassem esses alunos animais sem destino. Minha filha quis fazer pedagogia em complementação ao magistério do nível médio, visando dar aulas. Eu a demovi dessa maluquice. Passados sete anos, ela me agradece. Minha filha não ia ser piada de pivete aprendiz de criminoso.

♟ Esta é antiga; todos sabemos que há anos a corja de políticos do Brasil, notadamente no Norte e Nordeste, não quer que a alfabetização se estenda a todos. Por quê? Precisa responder? Porque perdem os votos de cabresto da ilusão, ignorância e boa-fé do povo menos aculturado.

♟ Ontem ao deixar minha filha na escola vi uma cena horrível. A diretora estava na porta interpelando os alunos que estavam sem uniforme. Uma aluna de mais ou menos quinze anos saiu xingando a diretora e foi embora. O pior é que não adianta chamar os pais, pois se têm uma filha sem educação devem ser piores que ela.

SOBRE TERRORISMO INTERNACIONAL

♟ Uma bomba de hidrogênio resolvia a metade dos problemas, outra bomba resolvia a outra metade.

♟ O mundo precisa punir esses radicais, pois eles não têm permissão para matar nem em nome de Maomé, nem em nome de Alá ou Deus ou Jesus ou Buda ou seja lá o que quiserem. O respeito à vida é um mandamento sagrado em qualquer credo, língua ou etnia!

SOBRE ARTE

♟ Não existe crise, como alegam os jornais, pois o circo e o povão estão todos felizes no país da fantasia.

♟ Antigamente as pessoas só eram artistas se pintassem ou elaborassem pinturas e esculturas maravilhosas. Hoje em dia é vir alguém e fazer um monte de rabisco em uma tela ou um desenho nada a ver, ou mesmo uma escultura doida, que já chamam de artista.

SOBRE HOMOSSEXUALIDADE

♟ Ter gays só é bom por um lado, menos pessoas no mundo. Tem alimento e água acabando e muitas pessoas nascendo.

♟ Em vez de permitir o casamento, essas pessoas deveriam ser encaminhadas a um centro de tratamento, para no mínimo tentarem corrigir esse desvio de personalidade.

♟ Não tenho problema com gays, só acho que não precisa homem ser afeminado ou mulher com roupa de homem falando grosso. Ninguém quer ter um filho assim.

♟ Para mim, a palavra que basta é "amor".

♟ O homossexualismo ganhou liberdade, mas as pessoas perderão a liberdade de expressão. Eu sou sempre a favor de se falar o que pensa, seja a favor ou seja contra!

SOBRE LIBERDADE SEXUAL

♟ Não tenho a mínima vontade de sair fazendo sexo casual por aí e creio que a maioria das mulheres também não. Apenas ficam com esse mimimi só para dizer que também "podem" fazer o que os homens fazem.

♟ Quanto mimimi das feminazi… Ninguém mais pode ter opinião diferente, os homens têm que ser obrigados a achar tudo bonito, não podem mais ter preferência por mulheres mais recatadas e misteriosas… Haja saco. Não sei de onde tiraram que nós mulheres não temos os mesmos direitos que os homens. Devo viver em outro planeta.

♟ O que existe são valores… Uma pessoa promíscua é naturalmente rejeitada na seletividade da paquera. Quer mais liberdade sexual do que as mulheres já têm hoje aqui no Brasil? Você pode fazer o que quiser, o que não dá para controlar é a repercussão do que você fez. Só lógica, nada de machismo.

♟ Tem aquele velho ditado: uma chave que abre várias fechaduras é uma chave mestra. Já uma fechadura que abre com qualquer chave não serve para nada, é aquela que só lhe trará problemas.

♟ Tanto homem quanto mulher que fica com um monte de garota/ garoto como quem troca de roupa não está se valorizando. Acho que é coisa que deve valer para ambos os sexos.

♟ Homem é tudo palhaço mesmo.

SOBRE RELIGIÃO

♟ A única religião é *amar a Deus sob todas as coisas!*

♟ Depois dos judeus, o povo brasileiro é com certeza o povo escolhido por Deus. Vamos nos manter firmes e fortes, o inimigo para se apossar do Brasil só está contando com a discórdia do povo.

♟ Existe uma única religião. As outras são falsas. A lei nivelou por baixo a religião verdadeira e as falsas. Coisa de Satanás.

♟ Essa guerra entre religiões é extremamente estúpida. Demonstra o quanto muitos são ignorantes. Na *Bíblia* fala para que preguemos o Evangelho a toda criatura. Quem crer crer! Quem não crer não crer!

♟ Ridículo. Matam por um ser imaginário, tenha dó.

♟ Não ridicularizo se você não acredita em Deus, mas todos devem respeitar a opinião e a crença dos outros. Os ateus sempre vêm para tumultuar, mas debater na mais perfeita paz, que é bom, nada.

♟ Os males do mundo são a ignorância e o egocentrismo. Hitler, Mao Tsé-tung, Pol Pot, Stálin e Fidel Castro todos eram ateus, e antirreligião, apesar de serem religiosos. Eles dizimaram milhões de vidas.

♟ Uma Bíblia na mão e uma pedra na outra.

SOBRE MUDANÇAS CLIMÁTICAS

♟ E tem gente que acredita nessas teorias catastrofísticas. Tem mais emocional nestas teorias do que racional. Existem cientistas sérios que realizam estudos sérios desmascarando os cientistas do governo... ONU, Greenpeace, movimento feminista etc. Todos financiados por milionários e governos.

♟ Não dá para entender como, mesmo após ter torrado debaixo de trinta dias de calor anormal, um animal venha aqui dizer que o aquecimento global é tudo mentira. Realmente o ser humano merece ser extinto.

♟ Mas será que ainda tem alguém que leva a sério esse IPCC? Até agora não conseguiram provar absoluto nada, pois é obviamente um fenômeno natural. Só sabem é ficar fazendo esses modelos catastrofistas ridículos sem embasamento teórico que mais parecem profecias do apocalipse.

♟ Em muitos lugares há guerra, furacões, terremotos, secas sem fim, tsunamis, aqui temos o Partido.

♟ Os efeitos que o homem causa no clima são meramente locais e não globais, claro que não estou defendendo o desmatamento e a extinção de espécies, pois os humanos fazem coisas absurdas. Porém, o clima global depende quase que 99% do sol, um pouco dos oceanos e vulcões. O resto é balela.

♟ Pobreza e mudanças climáticas são efeitos da mesma causa: a riqueza, o excesso, a ganância, contradições claras ao equilíbrio que rege a vida. A riqueza está protegida como ícone do sistema, uma névoa a esconde das responsabilidades. Por isso se ouve muito as frases "combater a pobreza", "combater as mudanças climáticas", ou seja, os efeitos, mas nunca se ouve que devemos combater as causas.

24 de maio de 2017

ESTA OBRA FOI COMPOSTA POR ACOMTE EM ELECTRA E IMPRESSA PELA
GRÁFICA PAYM EM OFSETE SOBRE PAPEL PÓLEN SOFT DA SUZANO S.A.
PARA A EDITORA SCHWARCZ EM SETEMBRO DE 2021

A marca FSC® é a garantia de que a madeira utilizada na fabricação do papel deste livro provém de florestas que foram gerenciadas de maneira ambientalmente correta, socialmente justa e economicamente viável, além de outras fontes de origem controlada.